Fräulein,
bitte zahlen

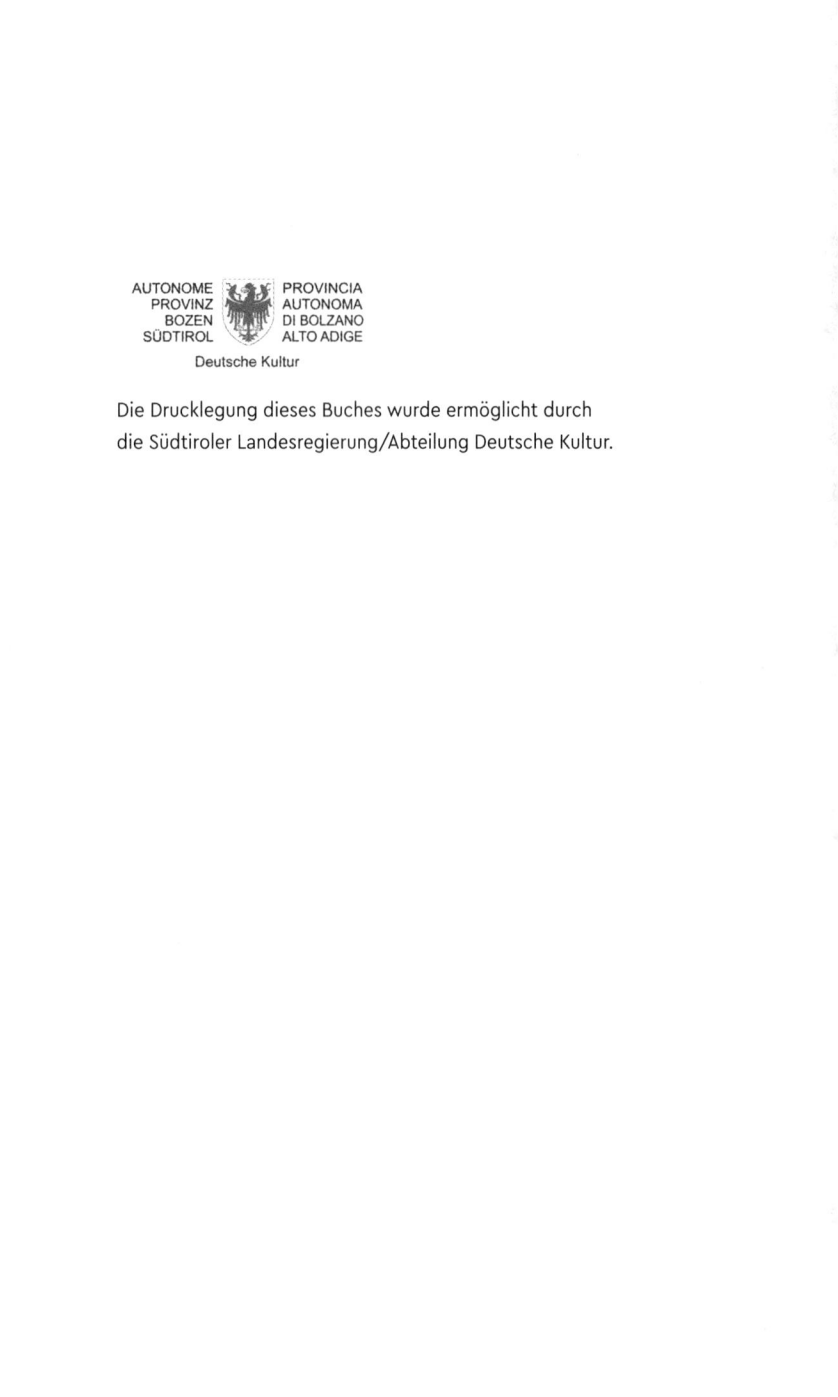

AUTONOME
PROVINZ
BOZEN
SÜDTIROL

PROVINCIA
AUTONOMA
DI BOLZANO
ALTO ADIGE

Deutsche Kultur

Die Drucklegung dieses Buches wurde ermöglicht durch
die Südtiroler Landesregierung/Abteilung Deutsche Kultur.

SIGRID MAHLKNECHT EBNER · KATHARINA WEISS

Fräulein,
bitte zahlen

ATHESIA VERLAG

Inhalt

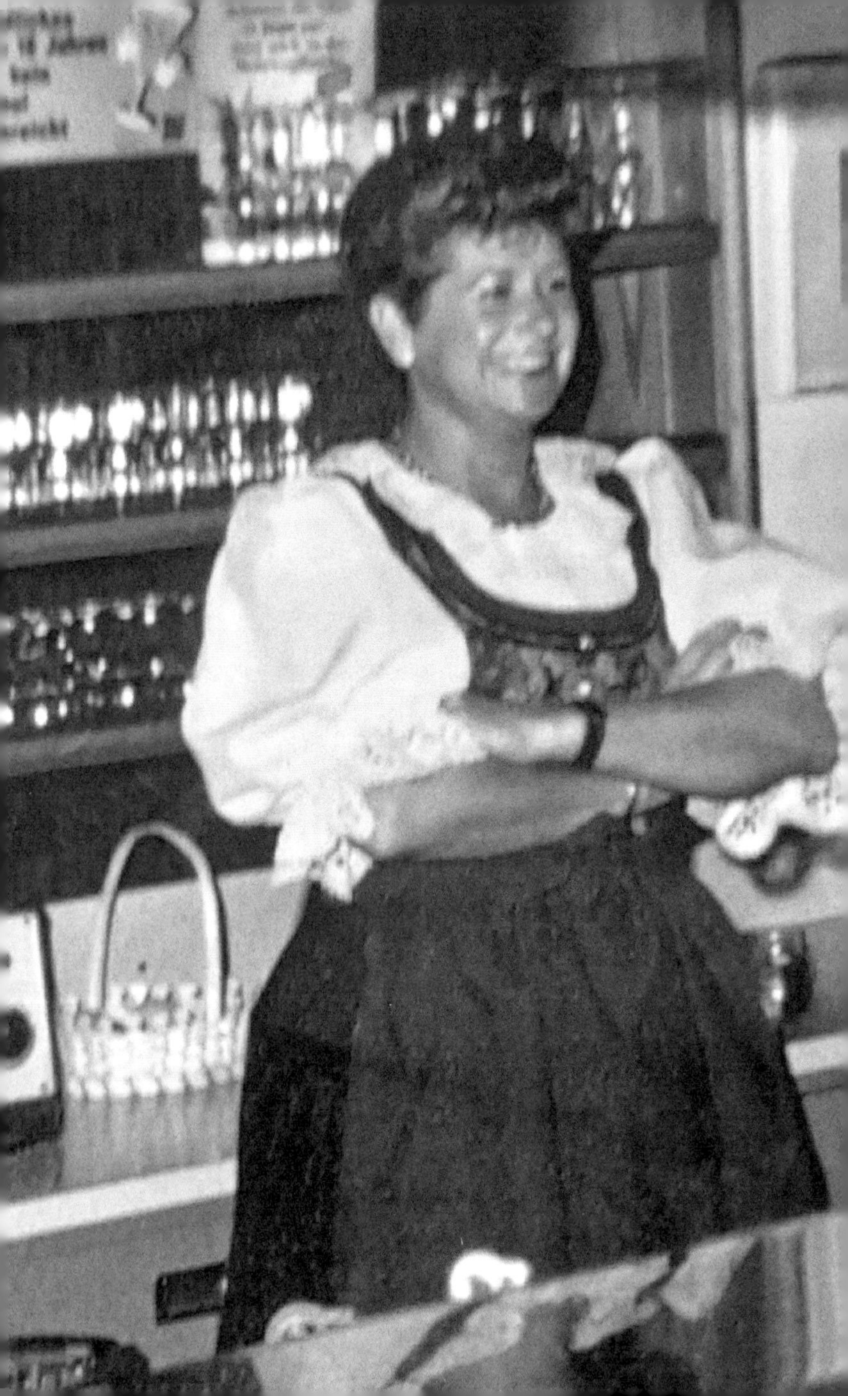

Von Venedig ins Sarntal

Anna K., Jahrgang 1941, Sarnthein

Meine ersten Jahre

Dass ich ein Leben lang im Gastgewerbe arbeiten würde, hätte ich nie geglaubt, wenn mir das in meiner Jugend jemand gesagt hätte. So gegensätzlich zu später waren meine ersten Lebensjahre, dass ich es wohl kaum für möglich gehalten hätte.

Ich bin gebürtig aus Villanders im Eisacktal. Dort habe ich eine schöne Kindheit verbracht, mit meinen Eltern und meinen vielen Geschwistern. Ich war die Jüngste von sieben Geschwistern, da war immer etwas los bei uns daheim. Wir wohnten auf einem Bauernhof, den meine Eltern bewirtschafteten, also mitten in der Natur. Meine Geschwister und ich mussten von klein auf mithelfen. Die Arbeit war hart, wir mussten auf dem Feld arbeiten und im Stall helfen. Die Kühe waren zu melken, der Stall war sauber zu halten, und überall musste geputzt werden. Arbeit gab es genug, die ging nie aus. Kochen durfte ich aber daheim nie, zum Herd wurde ich nicht gelassen, diese Arbeit übernahm einzig und allein meine Mutter. Ich hätte neben der vielen Arbeit im Stall und auf dem Feld auch keine Zeit dafür gehabt.

Im zarten Alter von 18 Jahren habe ich meinen späteren Ehemann kennengelernt. Er war Tischler und hat

Hausmühlen hergestellt, mit denen man Getreide mahlen konnte. Mein Vater hat eine solche Mühle erworben. Josef, den wir alle Seppl nannten, hat diese Mühle bei uns auf dem Hof aufgestellt. So lernten wir uns kennen. Ich gefiel ihm sofort, doch wir haben erst acht Jahre später geheiratet. Inzwischen konnten wir noch Geld verdienen.

Bis ich 24 Jahre alt war, lebte ich in Villanders.

Anschließend besuchte ich ein Schuljahr lang eine Haushaltungsschule in Sarns, also vom Oktober bis zum Frühling. Dort wohnte ich in dieser Zeit. In dieser Schule haben wir alles gelernt, was eine Frau damals wissen und können musste, um einen Haushalt zu gründen. Für mich war das alles neu, da ich bisher kaum solche Arbeiten verrichtet hatte. Doch ich sog alles in mich auf und freute mich, endlich diese praktischen Dinge zu erlernen. Ich habe immer alles rasch begriffen, so konnte ich mit den anderen Mädchen, von denen die meisten schon mehr Erfahrung in der Hauswirtschaft mitbrachten, bald gut mithalten. Neben Kochen und Putzen wurden wir in der Gestaltung des Gartens und im einfachen Servieren und schönen Decken des Tischs unterrichtet. Sogar das Ausnehmen eines Fisches haben wir praktisch geübt. So konnte ich danach fast alles brauchen, was ich gelernt hatte, nicht nur zu Hause, sondern auch in meiner späteren langjährigen Tätigkeit im Gastgewerbe.

Dann gab es eine große Veränderung für mich, die mein weiteres Leben bestimmen sollte: Ohne richtig Italienisch zu sprechen und zu verstehen, fuhr ich nach dem Abschluss der Haushaltungsschule in die wunderschöne Stadt Venedig, die für immer meine Lieblingsstadt bleiben sollte.

In Venedig

Eine meiner Schwestern und ihr Mann waren schon einige Jahre lang in Venedig in einem großen Hotel tätig, als sie mich fragten, ob ich nicht auch eine Saison dort arbeiten wollte. So könnte ich vor der Hochzeit noch etwas Geld verdienen. Venedig ... dort war ich noch gar nie gewesen, ich kannte die berühmte Stadt nur aus Erzählungen und von den Bildern, die meine Schwester und mein Schwager mir gezeigt hatten. Ich wusste, dass man dort auf dem Wasser wohnte und dass die Stadt am Meer lag, aber sonst hatte ich noch keine Vorstellung von dieser Stadt. Der Chef des Hotels suchte ein Zimmermädchen, diese Arbeit sollte ich nun dort ausüben.

Das Hotel lag neben der „Accademia" direkt am Kanal. Es war wunderschön. Als ich das erste Mal dort war, glaubte ich, kaum meinen Augen zu trauen, so bezaubernd und groß war alles. Das imposante Haus beeindruckte mich ebenso wie die vielen Menschen, die dort ein und aus gingen. Es war alles so anders, als ich es bisher gewohnt gewesen war. Das Hotel war eigentlich ein venezianischer Palazzo aus dem 17. Jahrhundert. Trotz der Lage im historischen Zentrum war es von blühenden Gärten umgeben. Die Zimmer waren im typischen venezianischen Stil eingerichtet und boten einen unglaublichen Ausblick auf den Kanal und auf die Gärten. Nach dem Krieg war der Palazzo in ein Hotel umgewandelt worden. Ich fühlte mich wie in einem Märchen, so schön war es.

In Venedig wurde ich sehr freundlich und herzlich aufgenommen. Ich wurde von Anfang an wie ein Teil der Familie behandelt, als ob ich dazugehören würde. Mein

Chef und seine Angehörigen ließen uns nie spüren, dass sie unsere Vorgesetzten waren, sondern uns wurde mit ausnehmender Freundlichkeit begegnet, das Arbeitsumfeld war von Wertschätzung und Vertrauen geprägt. Mit unserem „Capo" lebte seine ganze Familie im Hotel, seine Eltern, die Kinder und seine nette, junge Ehefrau. Diese arbeitete als Lehrerin, im Gastbetrieb hat sie kaum geholfen. Sie kümmerte sich um ihren Beruf und um die Kinder.

Im Herbst arbeitete ich dann in Bozen bei einer Familie im Haushalt, bis zum April, als es mich wieder für eine Saison nach Venedig zog. Im Winter darauf arbeitete ich wieder bei der Bozner Familie. Inzwischen hatte ich einiges gespart, und am 1. Mai 1967 war es endlich so weit: Seppl und ich feierten unsere Hochzeit. Ich zog zu meinem Mann nach Sarnthein, dem Hauptort des Sarntals. Seine Familie lebte seit Generationen dort. Ich war 26 Jahre jung und habe mich schnell eingewöhnt. Ich war das Leben in einem Dorf seit jeher gewohnt, und da habe ich mich im Sarntal bald wohlgefühlt, auch dank der guten Beziehungen zu Seppls Familie. Mein Mann führte eine Tischlerwerkstatt, dort habe ich mitgeholfen. Doch der Ertrag war bei Weitem nicht so gut, wie wir gewünscht hatten. Deshalb arbeitete ich eine weitere Saison in Venedig, um unser Familieneinkommen aufzubessern.

Inzwischen kam unsere Tochter auf die Welt, und so ist mein Mann schließlich auch nach Venedig gezogen: Ich arbeitete weiterhin als Zimmermädchen, er arbeitete als Kellner. Für meinen Mann war das eine weitreichende Entscheidung, da er als Tischler bisher eine völlig andere Arbeit ausgeübt hatte. Aber das gute Gehalt, bei Weitem mehr, als wir in Südtirol verdienen konnten, überzeugte ihn letztendlich. Diese Entscheidung haben wir nie bereut. Wir verdienten in Venedig sehr gutes Geld, und ich war froh, als wir wieder alle drei zusammen sein konnten.

Unsere kleine Familie hatte keine Dienstwohnung, sondern wir bewohnten im obersten Stock ein Zimmer. Sonst durften wir uns im ganzen Haus frei bewegen, wir waren wie zu Hause. In dem großen Hotel arbeiteten sehr viele Menschen in der Küche, in der Bar, im Saal und wie ich in den Zimmern. Man schrieb inzwischen das Jahr 1970, ein neues Jahrzehnt brach an, und ich war begeistert von meinem neuen Aufgabenbereich. Fast zehn Jahre meines Lebens sollte ich hier verbringen.

Die ersten fünf Jahre habe ich als Zimmermädchen gearbeitet. Ich machte die Betten in den Gästezimmern, reinigte die Zimmer und achtete darauf, dass alles hübsch und wohnlich wirkte. Es gab sehr viel Arbeit, das Hotel hatte über 20 Zimmer, auf drei Stockwerke verteilt. Wir waren mehrere Zimmermädchen und trugen alle dieselbe Kleidung, diese erschien mir ausgesprochen elegant. Wir trugen ein grünes kurzes Kleid, darüber hatten wir keine Schürze an. Es gab keine Standardfrisur, diese Wahl blieb jeder selbst überlassen, ich trug meine Haare damals schon kurz. Wenn wir jemanden im Gang trafen, grüßten wir, und die meisten Gäste grüßten freundlich zurück. Wenn sie mit unserer Arbeit zufrieden waren, und das war wohl meistens der Fall, ließen sie im Zimmer ein ansehnliches Trinkgeld zurück. Sauberkeit und Ordnung waren die wichtigsten Ziele unserer Arbeit, und ich hatte in der Haushaltungsschule diese Werte kennengelernt. Fast andächtig machte ich oft die Betten mit der wunderschönen Wäsche mit Stickereien und faltete die Seidenpyjamas der Gäste zusammen. Der Stil war zwar überall derselbe, aber trotzdem war jedes Zimmer ein bisschen anders eingerichtet. Schlichte Eleganz, so könnte man die Einrichtung wohl am besten beschreiben.

Mein Mann hingegen bediente im Saal. So sahen wir uns untertags bei der Arbeit nicht ständig, da ich in den Zimmern und mit dem Bügeln der vielen Wäsche beschäftigt war und er im Speisesaal.

Nach einigen Jahren kam unser Chef eines Nachmittags zu mir ins Bügelzimmer und fragte mich, ob ich nicht etwas anderes machen möchte. Er schlug vor, dass auch ich bedienen sollte. Er sah, dass ich fleißig und immer guter Laune war, da wollte er mich direkt zu den Gästen schicken. Ich freute mich über diesen Aufstieg, der mit einer finanziellen Besserstellung verbunden war, und sagte gerne zu.

Mein Mann, der die Arbeit mittlerweile bereits seit Jahren beherrschte, freute sich mit mir und erklärte mir alles. Am meisten Sorgen machte mir zu Beginn meiner neuen Tätigkeit, dass ich weder Englisch noch Französisch sprach. Italienisch hatte ich in den letzten Jahren natürlich sehr gut gelernt, ich verstand alles und konnte mich bestens unterhalten. Durch den täglichen Kontakt mit meinen Arbeitskolleginnen war es mir leichtgefallen, diese schöne, melodische Sprache zu erlernen. Aber ansonsten beherrschte ich keine Fremdsprachen, und da im Hotel zahlreiche Gäste aus Frankreich, England und sogar Amerika ein und aus gingen, hoffte ich, dass das kein allzu großes Problem darstellen würde.

Aber da hatte ich mir völlig umsonst Sorgen gemacht: Obwohl ich die Worte nicht verstand, begriff ich von Anfang an fast alles, was die Gäste mir mitteilen wollten. Sie halfen mir, wo sie nur konnten, mit Gestik und Mimik, und außerdem konnten viele von ihnen ein paar Brocken Italienisch sprechen. Verstanden haben wir schließlich in allen Sprachen, was wir wirklich gebraucht haben – was die Leute wollten, haben sie uns vermittelt, notfalls mit Händen und Füßen. Bald lernte ich so fast nebenbei ein bisschen Englisch und Französisch, durch die geduldige Art der Gäste lief das alles problemlos. Die Engländer wollten allerdings meistens nur Englisch reden.

Die Arbeit mit den Menschen hat mir sofort gut gefallen. Von selber hätte ich mich nicht getraut, darum zu fragen, aber insgeheim hatte ich mir schon lange gewünscht, wie mein Mann und die feschen Bedienungen durch den Saal zu schreiten und dort zu arbeiten. So kam mir das Angebot des „Capo" mehr als gelegen.

Das Ambiente war angenehm, alles war ruhig, die Gäste unterhielten sich mit leisen Stimmen, im Hintergrund lief gedämpfte Musik. Es waren durchwegs Leute mit Geld, vor allem ältere, gestandene Leute. Unsere Touristen aus fernen Ländern genossen den Aufenthalt in der Stadt ihrer Träume. Die nicht gerade niedrigen Preise führten wohl dazu, dass sich hier höfliche Gäste befanden. Mir gegenüber benahm sich kein einziger Gast je unhöflich.

Ich war dafür zuständig, das Essen auszutragen. Ich servierte die verschiedensten duftenden Speisen auf wunderschönen Silbertellern, üppige Fleischgerichte, köstliche Süßspeisen und natürlich frischen Fisch in allen Varianten.

Ich wünschte den Herrschaften einen guten Appetit, und viele führten ein kurzes Gespräch mit mir. Ich entwickelte bald ein Gespür für die Menschen, merkte, dass es einige gab, die lieber beim Essen ihre Ruhe hatten, und wieder andere, die sich freuten, ein paar Worte mit mir zu wechseln.

Unsere Gäste waren zum Großteil Hausgäste, die bei uns wohnten – Gäste aus der ganzen Welt, einige mit Namen, die ich gar nicht aussprechen konnte, aber alle sehr elegant und gewohnt, sich in so einer Gesellschaft zwanglos zu bewegen.

Die Menüwünsche der Gäste aufgenommen hat der Chef immer selber. Ich erinnere mich nie daran, dass er je einen Teller ausgetragen hätte, in all den Jahren nicht, in denen ich im Hotel arbeitete. Seine Aufgabe war eine andere: Er koordinierte, delegierte, führte, er unterhielt die Gäste und sorgte dafür, dass alles klappte.

Das Menü besprach der „Capo" regelmäßig mit dem Chefkoch. Er ging dann von Tisch zu Tisch und berichtete den Gästen, was an diesem Tag zur Auswahl stand. Es gab keine Menükarte, der Chef schrieb auf, was die Gäste wünschten, gab den Zettel in der Küche ab, und alles klappte immer reibungslos. Mehrere Menüs standen täglich zur Auswahl, meistens eines mit Fleisch und eines mit Fisch. Einen „Orderman" gab es noch nicht, alles funktionierte auf die gute alte Art. Die Servietten waren aus Stoff, jeden Tag wurden sie in diesem noblen Hotel gewechselt. Sogar die Betten wurden jeden zweiten Tag frisch bezogen. Außerdem gab es schon eine Spülmaschine, eine riesengroße, so eine, wie ich sie zuvor noch nie gesehen hatte. Das war äußerst praktisch für das Küchenpersonal.

Das Hotel befand sich mitten im Zentrum von Venedig und war nur per Boot erreichbar. Die Gäste parkten ihre Autos im Parkhaus. Viele kamen mit dem Zug oder mit dem Flugzeug, darunter viele Amerikaner, Engländer und Franzosen, die den Großteil der ausländischen Gäste bei uns ausmachten. Es gab einen direkten Zug von Paris nach Venedig, der sehr beliebt war.

Im Winter kamen viele Professoren zu uns, zwei Tage lang hielten sie ihre Vorlesungen an der Universität, die ganze Woche über haben sie hier gewohnt, die Universität hat alles für sie bezahlt. Sie kamen ganz alleine, ohne ihre Familien, die über ganz Italien verteilt waren.

Alle weiblichen Bedienungen trugen einen schwarzen Rock, eine weiße Bluse und darüber eine weiße Jacke. Nie verwendeten wir eine Schürze. Die Jacke war tailliert und sehr elegant. Die Männer trugen ein weißes Jackett zu einer schwarzen Hose.

Die Leute sagten „Signorina" zu mir, da ich so jung aussah, als sie dann aber bemerkten, dass ich verheiratet war, „Signora". Anstrengende Gäste waren kaum darunter, da hatten wir meistens Glück. Wir sind immer mit allen gut ausgekommen. Mir fiel auf, wie ruhig es trotz der vielen Menschen war, auch abends, wenn man ausgegangen ist, waren zwar zahlreiche Leute auf den Straßen, aber trotzdem herrschte kein großer Lärm, sondern alle schritten stilvoll durch die Stadt. Belästigt wurde ich nie, mit meinem Ehemann in der Nähe. Betrunkene gab es in unserem Hause nicht. Die meisten Gäste blieben zwei oder drei Tage, nur wenige hielten sich längere Zeit bei uns auf. Mir fällt eigentlich überhaupt nichts Negatives ein, wenn ich an meine schönen Jahre in Venedig denke. Sonst wären wir wahrscheinlich nicht so lange dort geblieben.

Durch das gute Gehalt und die großzügigen Trinkgelder konnten wir uns in diesen Jahren einiges zusammensparen, vor allem weil wir kaum Ausgaben hatten, da wir im Hotel freie Kost und Logis hatten. Von den Gästen bekam unsere kleine Tochter zahlreiche Geschenke wie Puppen und Kleidchen. Alle freuten sich über das hübsche blonde Mädchen.

Einen freien Tag hatten wir von Anfang an dann, wenn gerade nicht so viel im Hotel zu tun war. Wir hatten frei, wenn es eben möglich war, manchmal auch zweimal in der Woche einen halben Tag, das wurde nicht so genau genommen. Aber es war alles einvernehmlich. Wir besuchten an unseren freien Tagen gerne das Lido, natürlich mit unserer kleinen Tochter im Schlepptau, die das sehr genoss. Manchmal besuchten wir auch das Theater, es war unglaublich beeindruckend. Die Familie des „Capo" begleitete uns sogar in das Opernhaus „La Fenice", das war ein unvergessliches Erlebnis. So viel Schönheit auf einmal, die Musik, die Räumlichkeiten, die Roben der Frauen!

Unsere Tochter hat sehr gut Italienisch gesprochen, sie hörte ja den Großteil des Tages nichts anderes. Ich habe immer bewusst mit ihr Deutsch gesprochen, aber sie hat auf Italienisch geantwortet. Sie besuchte den italienischen Kindergarten in Venedig und war häufig mit ihren Freundinnen zusammen, vor allem mit der Enkelin des Chefs, die in ihrem Alter war, so unterhielten sie sich immer auf Italienisch. Sie hat in ihrer Muttersprache zwar alles verstanden, wollte aber nicht Deutsch sprechen, weil sie es nicht gewohnt war.

Als sie ins Schulalter kam, habe ich sie nach Hause ins Sarntal geschickt, damit sie die deutsche Schule besuchen konnte. Das Schuljahr verbrachte sie zu Hause bei meiner Schwägerin, und im Sommer kam sie zu uns nach Venedig. Diese Trennung war nicht immer einfach für uns, aber es war die beste Lösung.

In der Schule lief es anfangs nicht besonders gut für unsere Tochter. Sie musste sich erst eingewöhnen, für sie war es am schwierigsten von uns allen. Sie hatte zu Beginn große Probleme mit der deutschen Sprache. Dafür war sie mündlich natürlich in Italienisch sehr gut. Das war für sie keine leichte Zeit, aber dann hat sie sich wie jedes Kind eingewöhnt und wurde ein fröhliches Mädchen mit vielen Freundinnen. Das zeigte uns, dass es sicher gut gewesen war, nicht länger mit ihrer Heimkehr zu warten, weil es dann noch schwieriger für sie gewesen wäre.

Inzwischen war ich wieder schwanger, mein Sohn kündigte sich an. Bis zum siebten Monat arbeitete ich weiter als Bedienung, dann fuhr ich nach Hause ins Sarntal, um dort das Kind zur Welt zu bringen. Seine ersten Lebensmonate verbrachte ich dort, endlich wieder bei meiner Tochter.

Mit meinem Sohn im Gepäck fuhr ich einige Monate später wieder in meine Wahlheimat Venedig zu meinem Mann, der nach wie vor dort arbeitete. Was für eine große Freude! Das ganze Haus, von der Familie des „Capo" über die Angestellten bis hin zu den Gästen, freute sich mit uns.

Mit einem Baby war die Situation aber gar nicht so einfach, wie ich mir sie vorgestellt hatte. Ich hatte kein Kindermädchen, sondern das ging alles so nebenbei. Familiär eben. Alle halfen ein bisschen mit und kümmerten sich gemeinsam um das Baby, das das nicht zu stören schien.

Doch wir wussten alle, es war Zeit für eine Veränderung. Mit zwei Kindern war es nicht mehr so einfach wie vorher. Ich arbeitete inzwischen in Teilzeit, meine Arbeitgeber waren sehr entgegenkommend, und doch konnte es nicht immer so bleiben, wie es war. Da entschieden mein Mann und ich nach reiflicher Überlegung schweren Herzens, unser geliebtes Venedig zu verlassen und wieder nach Hause ins Sarntal zu ziehen. Es war Zeit, ich wollte, dass unsere Familie wieder zusammmen ist, auch unsere Verwandten wünschten sich, dass wir endlich wieder heimkommen würden. Wir wollten nicht ein Leben lang in Venedig in einem Zimmer leben, sondern uns etwas Eigenes aufbauen. Außerdem wollte ich bei meiner Tochter sein.

Nach fast zehn Jahren in dieser Idylle, in diesem traumhaft schönen Hotel mit den netten Menschen, fiel mir der Abschied sehr schwer, obwohl ich überzeugt war, das Richtige zu tun. Der „Capo" und seine Verwandten versprachen, uns bald im Sarntal zu besuchen. Mein Mann blieb noch ein Jahr in Venedig, dann kam er zurück zu uns.

Im Sarntal

Als ich wieder in Sarnthein lebte, war das eine Riesenumstellung für mich, in jeder Hinsicht. Ich suchte mir bald eine neue Arbeit. Ich fand eine Beschäftigung in einer Büglerei im Dorfzentrum, ganz in der Nähe unseres Hauses. Bügeln konnte ich, das hatte ich gelernt und jahrelang in

Venedig ausgeübt. Wenn es auch nicht so eine abwechslungsreiche Arbeit war, so war ich doch froh, dass ich etwas bei uns um die Ecke gefunden hatte. So konnte ich Familie und Beruf gut vereinbaren. Vormittags kümmerte ich mich um das Baby und den Haushalt, nachmittags habe ich gearbeitet. Meine Tochter besuchte vormittags die Schule, am Nachmittag sorgte sie für ihren kleinen Bruder. Falls etwas sein sollte, konnte sie problemlos zu mir in die Büglerei kommen. Aber es ging immer alles gut, sie war sehr verlässlich und kümmerte sich gut um ihren kleinen Bruder.

Etwas oberhalb der Büglerei befand sich die Bar „Hubertus". Während meiner Arbeit hörte ich, dass die Pächter die Bar nicht mehr weiterführen wollten und dass Nachfolger für sie gesucht wurden. Da habe ich sofort reagiert. Ich habe mich gleich vorgestellt, auch mein Mann war Feuer und Flamme für mein Vorhaben: Ich wollte mit ihm diese Bar pachten. Bald war es entschieden, und im Jahr 1980 haben wir die Bar neu eröffnet. Für mich wurde so ein Traum wahr. Durch unsere Erfahrungen in Venedig wollte ich auch hier einen schönen Ort errichten, an dem sich die Leute wohlfühlten und sich in einem schönen Ambiente treffen konnten, um sich angenehm zu unterhalten.

Nun folgten 20 Jahre in dieser Bar. Von meinen Vorstellungen musste ich mich allerdings bald verabschieden.

In der Bar „Hubertus"

Ich freute mich so sehr auf unsere neue Aufgabe, endlich waren wir unsere eigenen Chefs! Aber vorerst mussten wir das Lokal völlig renovieren. Wir hatten in Venedig einiges gespart, Landesförderungen haben wir noch keine erhalten. Heute bekommen alle für alles Mögliche Förderungen, und niemand ist mehr zufrieden. Aber wir haben uns alles noch selbst erarbeitet.

Das Lokal war sehr schön und befand sich in guter Lage. Der Barbereich, in dem sich die lange Theke, die wir „Budl" nannten, befand, war geräumig. Zusätzlich gab es noch zwei Säle. Draußen im Freien befand sich ein großer Garten mit einigen Holztischen. Wir richteten alles liebevoll her, damit sich unsere Gäste bei uns wohlfühlen sollten. Ich hatte in Venedig gelernt, dass zufriedene Gäste das Beste sind, das einem im Gastgewerbe passieren kann.

Allerdings hatte ich nicht mit der unterschiedlichen Art der Gäste in Venedig und in Sarnthein gerechnet. Hier hatten wir ein ganz anderes Publikum. Da war ich schon ganz erstaunt, weil ich so einen „Rumpel" vorher noch nie gesehen hatte. Da ist es schon ein wenig anders zugegangen als in meiner Traumstadt. Vor allem in den ersten Jahren war der Kontrast für mich so groß, dass ich manchmal sogar heimlich ans Aufhören dachte. Ich hielt aber immer durch, bis zuletzt, auch wenn es nicht immer einfach sein sollte.

Die meisten Einheimischen waren sehr freundlich und freuten sich, dass wir die Bar neu eröffneten. Einige munkelten zwar, „da kommen jetzt die Sarner aus Venedig zurück und glauben, wer sie sind", aber darauf haben wir einfach nicht reagiert. Neid muss man sich verdienen, am besten nicht beachten, ich höre heute noch nicht zu, wenn die Leute schlecht über einen reden. Neid steckt oft dahinter, aber solche Leute sind zum Erbarmen – wenn man jemandem etwas Schlechtes wünschen möchte, muss man ihm Neid wünschen.

Bei der Eröffnung der Bar kamen viel mehr Menschen, als wir erträumt hätten. Sie kamen gerne zu uns, so eine nette Bar im Dorfzentrum, das gab ein großes Hallo. Wir hatten nicht mit so viel Ansturm gerechnet und viel zu wenig Gläser besorgt. Da musste mein Mann noch schnell in die Stadt fahren und zusätzliche Gläser kaufen. Es wurde dann zwar eine extrem anstrengende, aber gleichzeitig wunderschöne Eröffnung. Wir waren zuversichtlich, dass wir die richtige Entscheidung getroffen hatten.

So ging es dann los, es gab immer sehr viel zu tun. Wir haben viel gearbeitet: Mein normaler Arbeitstag dauerte fünfzehn Stunden, und das an sieben Tagen, da gab es keine 40-Stunden-Woche. Aufgestanden bin ich täglich um 6 Uhr, vormittags habe ich daheim die Hausarbeiten erledigt, mit den beiden Kindern gab es immer viel zu tun. Mein Mann hat in der Bar aufgeräumt und die Reinigungsarbeiten erledigt, wir hatten in all den Jahren keine Putzfrau eingestellt. Alles, was man selber macht, bleibt einem, und verlassen kann man sich auch am meisten auf sich selbst. Ich habe zu Hause zu Mittag gekocht und die Kuchen gemacht, die wir zum Verkauf anboten, dann bin ich in die Bar gegangen. Mein Mann hat nach dem Mittagessen täglich einen Mittagsschlaf gemacht. In der Zwischensaison konnte dieser auch etwas länger dauern, aber in der Hochsaison habe ich ihn angerufen, dass er kommen muss, um zu helfen, wenn zu viel zu tun war. Ich selbst habe in meinem Leben noch nie über Mittag gerastet. Ich bin froh, dass ich in der Nacht immer gut schlafen kann. Ich sprühte immer schon vor Energie, aber sonst kann man auch nicht ein Leben lang im Gastgewerbe arbeiten. In den letzten Arbeitsjahren habe ich am Abend früher aufgehört, wenn es möglich war. Mein Mann hat dann den Abschluss gemacht. Früher haben wir bis in die Nacht gearbeitet, danach schon um 21 oder um 22 Uhr die Bar geschlossen. Es waren in unseren letzten Jahren auch weniger Leute abends unterwegs, da sie seit den neuen Alkoholgesetzen, die strenger waren als die alten, nicht mehr so viel trinken durften. Einige sind dann ganz ausgeblieben. Wenn kein Alkohol im Spiel ist, wird es für einige Leute langweilig. Und da auch viele Einheimische, die leicht zu Fuß hätten kommen können, die kleinsten Entfernungen mit dem Auto zurücklegten, kamen sie lieber gar nicht, als durch die rigiden Gesetze ihren Führerschein oder eine saftige Geldstrafe zu riskieren.

Es sind sehr viele Einheimische zu uns gekommen, unter anderen auch die Jäger, die haben sich sonntags regelmäßig bei uns getroffen. Im Sarntal gab es früher viel mehr Bauernwirtschaft als heute. Ansonsten gab es die „Lancia-Arbeiter", die täglich mit dem Frühbus in die Stadt zu den Lancia-Werken zur Arbeit fuhren, sonst blieben die meisten im Tal. Es war eine geschlossene, traditionelle Gesellschaft. Bei den Prozessionen trugen alle die Tracht. Das ist heute leider nicht mehr der Fall: Schade, dass die Frauen heute nur selten die Tracht anziehen, sie tragen bei den Prozessionen lieber ein Dirndl. Die Männer hingegen tragen größtenteils bei kirchlichen Feiern die Tracht.

Unterm Jahr war die Arbeitsbelastung ausgewogen, im Sommer aber hatten wir sehr viel zu tun. Es war die Zeit, in der man in einer Bar noch keine warmen Speisen anbieten durfte, außer einem Toast. Wir hatten nur die Lizenz für einen Barbetrieb ohne Küche. Ein belegtes Brot durften wir verkaufen, aber keine Nudeln oder kleine Gerichte, nach denen die Gäste oft fragten und die es heute auch in Bars gibt. So haben wir Unmengen an Bauerntoasts, Kaffee und Kuchen und natürlich Eis an unsere Gäste verkauft. Eisbecher haben wir viele gemacht. Es war ein richtig schönes Café, nicht die typische Männerbar, auch viele Frauen gingen bei uns ein und aus. Am Abend gab es aber kaum weibliche Gäste, sie kamen am liebsten tagsüber mit ihren Freundinnen und Familien, um bei uns ihr Kaffeekränzchen abzuhalten.

Alle Kuchen habe ich in den ersten Jahren selber gemacht, jeden Tag Apfelstrudel, Buchweizentorte und Apfelkuchen und zwischendurch auch andere. Dann wurde es mir doch irgendwann zu viel, und die Cremetorten haben wir bei einem Konditor im Sarntal gekauft. Getragen habe ich meistens ein Dirndl, das war passend und man ist immer angezogen. Im Winter trug ich meistens einen Rock und eine Bluse, eher praktische Kleidung.

Im Sommer haben wir eine Aushilfe angestellt. Unsere Tochter hat nie bei uns gearbeitet. Sie passte stattdessen auf ihren kleinen Bruder auf. Sie besuchte später die Gastgewerbeschule in Brixen und hat immer außerhalb in Hotels gearbeitet.

Touristen waren damals hauptsächlich im Sommer im Sarntal zu Gast. Früher gab es grundsätzlich nicht so viel Fremdenverkehr im Sarntal wie heute. Außer im Sommer die paar Monate, da war sehr viel los. Es gab auch noch nicht den schönen und allseits beliebten Christkindlmarkt „Alpenadvent Sarntal" im Dezember, deshalb war es in den Wintermonaten eher ruhig. Die meisten Gäste waren Sarner und Ausflügler, vor allem aus der nahe gelegenen Stadt Bozen. Sie genossen im Sommer die frische Luft bei uns. Bei der „Sarner Fischzucht" haben die Bozner gerne Fisch gegessen, abends hatten wir dann den Garten überfüllt mit Gästen. Sie verlangten so viele Schnäpschen, dass wir mit dem Spülen der Gläser fast nicht mehr nachkamen.

Auch viele Italiener waren unsere Gäste, einige aus Bozen, andere kamen aus Oberitalien. Es waren angenehme Gäste, sie haben oft bei uns Karten gespielt. Nach dem Mittagessen sind sie mit ihren Rommékarten zu uns in den Garten gekommen und haben einen Kaffee mit Kuchen oder einen Grappa genossen. Es waren gemütliche Leute, die unser „Val Sarentino" liebten. Darunter waren viele Pensionisten, ehemalige Richter und Beamte, Sommerfrischler, die den ganzen Sommer hier verbrachten.

Später, als die geänderten Gesetze zur Folge hatten, dass man beim Fahren nicht mehr so viel Alkohol konsumiert haben durfte, da war ich eigentlich sehr dankbar, obwohl unser Umsatz etwas zurückging, da einige Leute ohne Alkohol viel angenehmer wurden.

Ein großes Thema war das Rauchen in den Lokalen, das damals noch erlaubt war: Unsere Vorhänge im Barbereich waren braun vom Rauch. Einmal im Monat habe ich sie abgehängt und gewaschen, die waren richtig verschmutzt vom Nikotin. Ich machte einmal eine Lungenuntersuchung, da wurde ich gefragt, ob ich rauche, da meine Lunge so aussah. Aber ich habe nie geraucht, das war nur vom Mitrauchen an der Bar. Beim passiven Rauchen atmet man mehr Nikotin ein als die Raucher selber.

Nach der Schule sind die Kinder des Dorfes zu uns gekommen, um ein Eis zu kaufen, da haben sie sich fast gegenseitig in den Eiskasten hineingedrückt. Wir hatten geschlossenes und offenes Eis, beides war bei den Sarner Kindern sehr beliebt. Damals gab es noch nicht so viele Bars, die Eis verkauften, so haben wir ein gutes Geschäft mit diesen jungen Gästen gemacht. Auch „Patatine", also Kartoffelchips, waren einer unserer Renner. Kartonweise haben wir diese nach der Schule verkauft. Das Lebens-mittelgeschäft hatte über Mittag geschlossen, wir aber hatten immer geöffnet. Von den Klassen aus rannten die Kinder direkt zu uns und verlangten Patatine im Winter und Eis im Frühling und Sommer. Irgendwann scheint das jemand bemerkt zu haben, denn plötzlich wurden die heiß begehrten Patatine direkt in der Schule während der Pause verkauft. Das ging aber nicht lange so, weil es rechtlich gar nicht erlaubt war, aber bald haben die Leute eines nahe gelegenen Geschäfts diesen Umstand zu Ohren bekommen und direkt vor der Schule die Patatine verkauft. Es waren eben alle geschäftstüchtig. Die Kinder hatten immer genug Münzen mit für diese leckeren Dinger.

Im Sommer haben wir wirklich Massen an Eisbechern an unsere Gäste verkauft. Das Eis haben wir zugekauft, die Becher haben wir selber gemacht. Am besten gegangen sind Eisbecher wie Bananensplit, Pfirsich Melba, Birne Helene, Joghurtbecher und Früchtebecher, aber auch Eisschokolade und Eiskaffee. Der Renner war unser Freundschaftsbecher, das war ein Kübel mit zehn Kugeln Eis und verschiedenen Früchten, der kostete damals 7000 Lire und wurde von mehreren Freunden gemeinsam verspeist. Jetzt mit Corona und so gibt es das wohl nicht mehr, aber früher hat das vor allem den jungen Leuten sehr gut gefallen. Das Bananensplit kostete 4500 Lire, das weiß ich noch genau, weil das so oft verkauft wurde.

Im Laufe der Jahre gab es große technische Entwicklungen. Anfangs trugen wir alle Einnahmen und Ausgaben nur händisch in ein Buch ein. Später mussten wir wie alle anderen eine Registrierkasse einführen. Das Ausgeben der Kassenzettel wurde obligatorisch, und es wurde kontrolliert. Die Finanzpolizisten sind öfters gekommen, um Kontrollen zu machen. Sie waren sehr höflich, wir hatten keine Probleme mit ihnen. Auch unser Wirtschaftsberater war gut und verlässlich und hat uns immer unterstützt, wenn er auch etwas teuer war.

Schattenseiten

Wir hatten uns sehr auf unsere schöne Bar gefreut, wir hätten uns aber nie vorgestellt, wie es in einem Dorf zugehen kann.

Große Probleme hatten wir, vor allem vor den strengeren Alkohol-am-Steuer-Gesetzen, mit Betrunkenen. Das war leider zeitweise fast an der Tagesordnung. Die Sarner sind eigentlich „feine Leit", aber der Alkohol, in Mengen genossen, verwandelt eigentlich sonst nette Menschen in völlig andere Persönlichkeiten.

Anfangs bin ich schon recht abrupt von meiner rosaroten Wolke heruntergefallen. Ich hatte vorher nie mit solchen Gästen zu tun gehabt, auch nicht im privaten Bereich. Ich hatte mit der Gastwirtschaft vor Venedig ja überhaupt nichts zu tun gehabt, und dort kannte ich so etwas nicht. Als wir hier anfingen, war es schon ein großer Unterschied. Die Höflichkeit wurde von vielen unserer Gäste nicht gerade großgeschrieben, vor allem abends. Ich wurde ohne Respekt behandelt: „Bringsch mir a Bier", wurde mit rauer Stimme gerufen, kein „Bitte" und „Danke", und wenn sie betrunken waren, haben sie mich alles Mögliche geheißen. Ich habe nicht darauf reagiert, aber innerlich war ich schon sehr enttäuscht. Einigen muss ich allerdings zugutehalten, dass sie am nächsten Tag gekommen sind und sich entschuldigt haben. Dieser Alkohol.

Einmal mussten wir sogar die Ordnungshüter rufen. Es war spät in der Nacht, wir wollten eigentlich schon schließen, als einige junge Einheimische in bereits stark angeheitertem Zustand unsere Bar betraten. Mir schwante gleich nichts Gutes, weil ich diese Klientel bereits kannte. Das waren Männer Mitte zwanzig, sehr unsympathische, bei denen wusste man schon, wenn sie bei der Tür reinkamen, dass sie nur Probleme machten. Sie wollten unbedingt noch einige Gläser Wein bei uns bestellen. Aber wir waren schon beim Aufräumen und Schließen, und außerdem gaben wir Betrunkenen aus Prinzip nichts, schon wegen der Gesetzeslage. Da habe ich zu ihnen gesagt: „Nein, wir schenken nichts mehr auf, geht lieber nach Hause!" Doch sie hörten gar nicht auf mich, stattdessen bedrohten sie mich. Plötzlich hat einer von ihnen eine Weinflasche genommen und gegen unsere Theke geschlagen, die Flasche war kaputt, seine Hand voller Blut, und dazu schrie er: „Wehe, wenn ihr uns nichts aufschenkt!" Da wollte ich die Ordnungshüter anrufen und griff nach dem Telefon, doch der Betrunkene riss mir den Hörer grob aus der Hand. Nun reichte es mir, und ich bin einfach zu Fuß zu den Ordnungshütern gegangen, ihr Haus war gar nicht so weit. Nach mehrmaligem Läuten kam schließlich ein müde wirkender Ordnungshüter an die Tür. Ich erklärte ihm die Sachlage und sagte ihm, sie sollten bitte kommen, die Leute lassen uns nicht das Lokal schließen, einer habe eine Flasche gegen die Theke geschlagen. Da sagte er zu mir, ich solle mich beruhigen, sie würden schon kommen. Ich habe mich gar nicht mehr in die Bar getraut. Mein Mann war dort, aber er hatte nichts gesagt und sich nicht eingemischt. Weil ich zu den Ordnungshütern gegangen bin, dachte ich, jetzt hat der Betrunkene sicher einen Hass auf mich. Darum habe ich oberhalb unseres Gartens gewartet, bis die Ordnungshüter endlich gekommen sind. Genau in diesem Moment wollten die Betrunkenen gehen. Doch die Ordnungshüter nahmen sie mit. Sie scheinen den jungen Männern klargemacht zu haben, dass dieses Verhalten nicht in Ordnung war, diese sind jedenfalls lange nicht mehr zu uns gekommen. Dieser Vorfall war am Tag vor Heiligabend, wahrscheinlich deshalb haben sie sie schließlich wieder gehen lassen. Diese besagten Herren sind übrigens ihr Leben lang nicht vom Alkohol losgekommen.

Andere wieder wurden unter Alkoholeinfluss erst so richtig nett. Einige weinten oft, erzählten aus ihrem Leben und von ihren Problemen. Ich sagte in solchen Situationen gar nichts, sondern ich hörte einfach nur zu. Wieder andere konnten mit dem Lachen gar nicht mehr aufhören. Betrunkene Männer waren in den ersten Jahren fast an der Tagesordnung, betrunkene Frauen hingegen sahen wir nur ganz selten.

Ich lernte mit der Zeit immer besser, mit den verschiedensten Menschen umzugehen. Lästige Männer mit blöden Sprüchen wies ich mittlerweile sofort in ihre Schranken. Die meisten kannten mich und wussten, dass sie das bei mir erst gar nicht versuchen mussten. Ich habe mich mit ihnen unterhalten, aber bis zu einem gewissen Punkt. Mein Mann war von uns beiden der Ruhigere, ich war, wenn es darauf ankam, die knallharte Chefin.

Einmal hatten wir großes Pech. Wir gaben Männern, die zu viel getrunken hatten, keinen weiteren Alkohol. Nicht nur, weil es strengstens verboten war, sondern auch, weil wir sonst immer mehr von dieser Sorte angelockt hätten. Es kam allerdings immer wieder vor, dass Männer bereits betrunken zu uns ins Lokal kamen. Eines Tages geschah genau das. Einige Männer Anfang zwanzig kamen sichtlich betrunken zu uns. Ich habe ihnen natürlich keinen Alkohol ausgeschenkt, es war kaum zu übersehen, dass sie mehr als genug intus hatten. Zwei ihrer noch nüchternen Freunde hatten im Garten zwei Bier bestellt und sie den Betrunkenen in den hinteren Saal gebracht, was ich ihnen nie erlaubt hätte. Deshalb haben wir gestritten, und schließlich habe ich sie rausgeschmissen. Sie machten sich nicht viel daraus und gingen in eine andere Bar, um dort ihr Glück zu versuchen. Allerdings riefen die Wirtsleute die Ordnungshüter, weil sich die jungen Männer nicht gut benahmen, und diese haben sie dann gefragt, wo sie überall waren, und sie nannten auch uns. Daraufhin kamen die Ordnungshüter in unsere Bar, gaben uns eine saftige Geldstrafe und setzten obendrein durch, dass unsere Bar für zwei Tage geschlossen werden musste. Ich durfte nicht einmal erklären, wie es wirklich gewesen war. Und die Bar vorher, in der sie angefüllt worden waren, ist ohne Probleme davongekommen. Das war so ärgerlich! Solche Ungerechtigkeiten konnte ich nicht ertragen, immerhin waren sie bei uns bereits sternhagelvoll angekommen! Da ich in dieser Sache auf keinen Fall klein beigeben wollte, nahmen wir uns einen Anwalt, und schließlich kam es zu einem Gerichtsprozess. Dort erhielt ich dann Genugtuung, denn wir gewannen den Prozess und wurden in allen Punkten freigesprochen.

Man durfte damals bereits im Alter von 16 Jahren Alkohol konsumieren, also nicht wie heute erst ab 18. Trotzdem war das einigen noch zu spät, und wir wurden in Bezug auf das Alter immer wieder von den Jugendlichen angelogen. Deshalb fingen wir an, ihre Ausweise zu kontrollieren. Die meisten kannte man ja aus dem Dorf, aber nicht bei allen waren wir uns sicher. Ganz Junge tranken selten viel, schlimmer war es mit jenen Anfang 20, die noch keine Familie hatten und oft nicht wussten, wie sie ihre Zeit herumbringen sollten und ihre Runde von Bar zu Bar drehten.

Eine sehr schlechte Sitte bestand darin, dass die jungen Männer abwechselnd je eine Runde Bier für alle bezahlten, Runde für Runde. „Trink doch noch einen, trink noch, bleib da!", riefen sie, wenn jemand nach Hause gehen wollte. Sie haben eine ganze Reihe Gläser um die Theke herum aufgestellt, standen herum und forderten uns hinter der Theke auf, noch einmal nachzuschenken. Da sie es nicht schafften, so viel Bier zu trinken, schütteten sie den Inhalt ihrer halb vollen Gläser einfach ins Waschbecken, um wieder das nächste trinken zu können. Ich fand das schlimm, dass Bier einfach weggeschüttet wurde. Diese schlechten Gewohnheiten sind dann – auch wieder durch das neue Alkoholgesetz – zum Glück ausgeblieben, doch um diese war es nicht schade.

Die Ehrlichkeit einiger unserer Gäste ließ zu wünschen übrig, wenn auch nur weniger Personen, und das waren zu 100 Prozent Betrunkene. Die Nüchternen haben immer bezahlt. Im Rausch behaupteten einige, sie hätten schon bezahlt. Als ich sie darauf hinwies, dass sie sich im Unrecht befanden, haben sie gefragt, ob ich doppelt kassieren wollte. Daraufhin habe ich einfach erwidert: „Schau, du brauchst nicht zu bezahlen, aber geh ja nie mehr in unsere Bar herein!" Das hat jedes Mal geholfen. Sie sind wiedergekommen, ich habe so getan, als wenn nichts geschehen wäre.

Auch gab es wenige jüngere Gäste, die regelmäßig kein Geld bei sich hatten und alles aufschreiben ließen, was sie konsumierten. Sie haben einfach nicht gezahlt, irgendwann sind sie ganz ausgeblieben. Angezeigt haben wir solche „Gäste" nie, es hätte wahrscheinlich auch nicht viel gebracht. Wir waren froh, dass sie nicht mehr kamen. Einer unserer Stammgäste wurde von seiner Frau finanziell immer kurzgehalten, der musste manchmal sogar Geld bei uns leihen, er hat es aber immer zurückgegeben. Da waren wir fast so etwas wie eine Bank.

In der Vorweihnachtszeit gibt es bei uns im Sarntal den schönen alten Brauch der „Klöckler". An den ersten drei

Donnerstagen im Advent ziehen sie von Haus zu Haus, um ihre Lieder zu singen. Der Name „Klöckeln" kommt von „klocken", also „klopfen". Nur Burschen dürfen klöckeln. Sie tragen die Sarner Tracht und selbst gefertigte Masken aus Naturmaterialien. Überall in den Gasthäusern kamen sie vorbei. Wir haben ihnen immer etwas gegeben. Die Gäste freuten sich über die Abwechslung. Es ist eine schöne Tradition, aber bei uns haben sie leider manchmal etwas übertrieben. Sie waren etwas übermütig, sind auf die Theke gesprungen und haben alles beschmutzt. Jetzt läuft das gesitteter ab als früher.

Der Kirchtag war für uns nicht einfach. Vor allem in den ersten Jahren, mittlerweile geht es auch da gesitteter zu. Der Sonntag verlief meistens gut, das große Problem war der Montag. Alle hatten sich freigenommen, schon morgens waren einige betrunken, vor Übermut zerrissen sie den Besuchern ihre Hemden, auch den Touristen, die das nicht immer lustig fanden, und liefen grölend durch das Dorf. Auch für die Ordnungshüter stellte das ein großes Problem dar, die vielen Betrunkenen waren kaum zu bändigen. Deshalb wurde eingeführt, dass alle Gastbetriebe am Montag nach dem Kirchtag bereits um 14 Uhr schließen mussten. Als das zum ersten Mal so war, hatten wir es wohl nicht so richtig verstanden, denn um 14 Uhr hatten wir noch den ganzen Garten voller deutscher Gäste. Da kamen die Ordnungshüter und forderten uns dazu auf, unser Lokal zu schließen. Ich fragte entsetzt: „Was soll ich jetzt mit den Leuten tun? Alle hinauswerfen?" Wie sollte das funktionieren? Ich musste es allen Gästen persönlich mitteilen, die reagierten nicht gerade begeistert.

Einige hatten soeben erst bestellt, andere bereits bezahlt, aber noch nichts bekommen, es war ein Riesendurcheinander. Einige Jahre später bekamen die Ordnungshüter einen neuen Vorgesetzten, der Ordnung in unserem Dorf schaffte. Wir durften wieder bis zum Abend offen lassen, vor ihm hatten alle Respekt, und er hat wieder Ruhe in unser Dorf gebracht.

Schlägereien in unserer Bar gab es nur hie und da, das war in anderen Lokalen schlimmer. Außer am Kirchtag, da haben sie gerne gerauft und zusammengeschlagen. Sonst hat es sich in Grenzen gehalten.

Der große Kontrast zu unseren Erfahrungen in Venedig war für uns prägend. Das war eben der Unterschied, die Probleme mit den Betrunkenen, so etwas hatten wir vorher nicht einmal geahnt, in Venedig kannten wir so etwas nicht.

Sonnenseiten

Natürlich überwog insgesamt das Positive, sonst hätten wir nicht so viele Jahre durchgehalten. Die meisten Leute waren angenehm. In all den Jahren wurde kein einziges Mal etwas gestohlen. Unseren nüchternen Gästen konnten wir vertrauen.

Einige Gäste waren sehr anhänglich und treu. Sie kamen fast täglich, tranken ein Glas an der Theke und unterhielten sich mit mir. Nie kam ein unfreundliches Wort, es war fast wie eine Freundschaft. Zum Geburtstag überbrachten sie mir manchmal einen Blumenstrauß oder andere kleine Geschenke. Sie waren wie Teil der Familie, ruhig, rücksichtsvoll. Sie gehörten einfach dazu.

Einer unserer Gäste hat oft seine Ziehharmonika mitgebracht, verschiedene Stücke gespielt und dazu gesungen, das hat uns und den Gästen gefallen. Er wurde nicht von uns angestellt, sondern kam nur wegen der Freude an der Musik. Die Leute haben mitgesungen und getanzt.

Einmal hatten wir sogar einen Promi bei uns: Der bekannte Grödner Komponist Giorgio Moroder, der schon lange in Amerika lebt, saß in unserem Gastgarten und trank einen Kaffee. Hollywood in Sarnthein!

Der ehemalige Südtiroler Landeshauptmann Luis Durnwalder ist oft bei uns vorbeigekommen. Er hat gegen uns Karten gespielt, und er hat verloren! Obwohl er ständig geschwindelt hat. Ich habe also gegen den Durnwalder beim Watten gewonnen! Darauf war ich sehr stolz. Er war aber überhaupt nicht beleidigt, sondern ein guter Verlierer.

Was ich als sehr positiv empfinde, ist, dass ich in den vielen Jahren, die ich im Gastgewerbe gearbeitet habe, eine große Veränderung an den Menschen feststellen konnte. Sie sind gebildeter geworden, nicht mehr so grob wie früher. Sie sind respektvoller und insgesamt höflicher.

Besonders gefreut haben wir uns, dass unsere Arbeitgeber aus Venedig uns jedes Jahr im Sarntal besucht haben. Sie sind jeweils einen Monat geblieben, die ganze Familie war da. Sie logierten in einem Gasthaus, und obwohl sie an Luxus gewöhnt waren, fühlten sie sich bei uns sehr wohl. Das waren schöne Tage. Wir sind heute noch mit der Familie in Kontakt, jedes Jahr telefonieren wir zu Weihnachten.

Die Leute haben mich akzeptiert, obwohl ich keine „echte" Sarnerin bin. Das hört man sofort bei meinem Dialekt, ich habe immer noch den Eisacktaler Dialekt behalten. Deshalb haben die Gäste in der Bar oft gesagt, ich sei aber laut meiner Sprache keine Sarnerin.

Ich habe mir die Sarner Tracht angeschafft, weil ich bei einer Singgruppe war. Ich bin sehr stolz darauf, weil ich mich schon lange als Sarnerin fühle.

Mein Mann und ich haben jedes Jahr im Frühsommer und im November die Bar einige Wochen lang geschlossen und sind selbst in Urlaub gefahren. So haben wir fast die halbe Welt bereist. Wir waren auf der Insel Kuba, das war mein erster Flug, in der Dominikanischen Republik, in Thailand, Kenia, auf Lanzarote und natürlich an vielen Badeorten wie Sharm el-Sheikh. Wir sind immer zu zweit verreist, die Kinder waren in der Schule, eine meiner Schwestern ist bei ihnen geblieben. Nach den anstrengenden Arbeitswochen war das unser wohlverdienter Urlaub.

Jahrzehnte im Gastgewerbe

Welche Eigenschaften braucht eine gute Gastwirtin? Vor allem gute Nerven, man darf sich nicht aus der Ruhe bringen lassen, und gleichzeitig muss man sich Respekt verschaffen. Und man muss Freude am Beruf haben, sonst klappt es sicher nicht. Es gibt sehr schöne Zeiten und andere, die anstrengender sind. Tagsüber hat mir die Arbeit besser gefallen als abends. Das Familienleben ist auch nicht ganz einfach.

Mir hat mein Beruf jahrzehntelang gut gefallen, doch als ich vor der Entscheidung stand, den Pachtvertrag noch um einige Jahre zu verlängern oder nicht, da wusste ich, dass es für mich Zeit war aufzuhören. Ich war gesättigt von der Musik, dem Krawall, den vielen Leuten, ich wollte einfach nur mehr meine Ruhe haben. Wenn man mal fast siebzig ist, ist es genug. Außerdem zahlte es sich für uns steuerlich nicht mehr aus. Unsere Kinder hatten kein Interesse an der Bar, obwohl meine Tochter selber im Gastgewerbe arbeitet. So ging im Jahr 2000 eine Ära zu Ende. Die Bar „Hubertus" gibt es nicht mehr, heute befindet sich dort ein Schuhgeschäft.

Zurück bleibt die Erinnerung an Jahrzehnte im Gastgewerbe mit vielen Höhen und Tiefen, mit unvergesslichen Momenten, die wir nicht missen möchten.

S. M. E.

Fräulein, bitte zahlen!

Berta P., Jahrgang 1942, Welschnofen

Vor und nach dem Krieg

Als mein Stiefvater, der als deutscher Soldat im Sudetenland stationiert war, gegen Kriegsende einen jungen Geistlichen kennenlernte, wusste er noch nicht, dass dies der Beginn einer lebenslangen Freundschaft sein würde. In der Tat, bis ins hohe Alter sollte diese Beziehung zwischen den beiden ungleichen Männern währen. Der deutsche Priester, der später in seiner Heimat am Niederrhein Dekan wurde, und der Soldat aus Südtirol, der in diesen düsteren Zeiten bereits ein großes Ziel vor Augen hatte: Wenn das alles vorbei wäre, wollte er etwas aus seinem Leben machen, sich finanziell absichern und eine Familie gründen.

Vor dem Krieg war mein Stiefvater Inhaber einer kleinen Bar in seinem Heimatdorf Welschnofen gewesen. Von der Pike auf hatte er den Beruf des Kellners, Barkeepers und Gastwirtes in den 1930er Jahren in Rom gelernt. Dort arbeitete er in verschiedenen Bars und war begeistert davon. Er lernte, Getränke zu mixen, Gäste professionell zu bedienen, Eisbecher zu kreieren und vor allem auch Eis herzustellen. Und natürlich Italienisch. Der fesche Franz aus dem Südtiroler Bergdorf war bei den Römern und Römerinnen sehr beliebt, fleißig, zuvorkommend und gut aussehend. Die eleganten Bars, deren Innenleben er kennenlernte, faszinierten und motivierten ihn zugleich. Er wusste bald, dass genau das sein Weg war. Er wollte in Welschnofen eine Bar eröffnen und setzte dieses Vorhaben bald in die Tat um: Nach einigen Jahren zog er deshalb wieder dorthin zurück, um sein Ziel zu erreichen. Nun, nach Kriegsende, fehlte ihm nur noch eines, und zwar eine passende Frau, die bereit war, nicht nur eine Familie mit ihm zu gründen, sondern auch ein Leben im Gastgewerbe zu führen.

Er wurde bald fündig. Bereits seit der Grundschulzeit kannte er Maria, Tochter eines Unternehmers, eine geborene Geschäftsfrau, die auf dem Kirchplatz gemeinsam mit ihrer Schwester den Dorfladen führte. Der lag genau gegenüber seiner Bar, die sich in seinem Heimathaus befand, das er umbauen wollte. Maria, von allen „Moidel" genannt, imponierte der gut aussehende Franz, und bald wurden sich die beiden einig. Sie gab ihre Arbeit im Geschäft auf und würde von nun an mit ihm gemeinsam in der Bar arbeiten. Meine Mutter beschloss auch, Gästezimmer zu errichten, um Gäste, die nach den Kriegsjahren vermehrt nach Südtirol in den Urlaub kamen, beherbergen zu können. 1949 wurde geheiratet, 1950 wurde der erste Sohn geboren, 1955 folgte der zweite.

Zwischen Schule und Bar

Ich kam mit meinem Stiefvater von Anfang an gut aus, er war immer freundlich mit mir. Auch ansonsten hatte ich eine sehr schöne Kindheit. Ich ging gerne zur Schule, mochte Bücher und schrieb für mein Leben gerne Aufsätze. Es war bald schon klar, dass ich eine Oberschule besuchen würde, spätestens als die Schuldirektorin eigens zu uns nach Hause kam, um meine Eltern in dieser Hinsicht zu überzeugen. Das war aber nicht schwierig, denn schon lange hatten sie geahnt, dass ich gerne weiter die Schule besuchen würde. Eigentlich wollte ich eine Handelsschule besuchen, doch wir schrieben das Jahr 1956, und es herrschte damals ein großer Lehrermangel in Südtirol. Seit der Zeit des Faschismus, in der alles Deutsche verboten worden war, hatte es viele Jahrgänge gegeben, deren Kinder weder gut lesen noch schreiben konnten. Lehrer gab es nur sehr wenige, viele waren im Krieg gefallen, und es waren nicht ausreichend nachgekommen, deshalb wurde im ganzen Land darum geworben, dass junge Menschen, wie ich es damals war, dieses Ziel anstreben sollten. So habe ich mich schließlich überreden lassen, und ich besuchte dann fünf Jahre lang die Schule in Meran, jener Stadt, die mir bis heute so gut gefällt.

So sah mein Leben dann aus: Im Winter ging ich zur Schule, und ich kam nur zu Allerheiligen, zu Weihnachten und zu Ostern nach Hause. Anfangs hatte ich großes Heimweh, doch ich lebte mich bald ein. Zum Glück besuchten mich meine Eltern einige Male in der Zwischenzeit. Sie fuhren mit ihrem Auto nach Meran, ich freute mich jedes Mal sehr darüber. In den langen Sommerferien aber, auch später als junge Volksschullehrerin, führte ich ein völlig anderes Leben: Ich bediente in der Bar meiner Eltern und hörte den ganzen Sommer lang den legendären Satz: „Fräulein, bitte zahlen!"

Der Tourismus-Boom

Meine Eltern liebten ihren Beruf, ich würde sogar sagen, sie übten ihn leidenschaftlich aus. Mein Stiefvater hatte die Veranda ausgebaut und genoss es, seine Gäste mit Eisbechern zu verwöhnen, so wie er es Jahre zuvor in Rom gelernt hatte. Immer war etwas los in der Bar „Dolomiten", wie er sie getauft hatte. Ursprünglich hatte sie „Dolomiti" geheißen, als es weder für die Menschen noch für die Lokale möglich war, einen deutschen Namen zu tragen, erst Jahre später durfte er die deutsche Bezeichnung eintragen lassen. Sonntags strömten die Kirchgänger nach dem Besuch der Messe regelrecht in unsere Bar. Diese Stunden waren immer besonders intensiv, da alle zugleich bedient werden wollten. Aber natürlich meisterten wir diese wöchentliche Stunde, meist halfen alle mit, so konnten alle Gäste zufriedengestellt werden. Im Sommer kamen Touristen aus Deutschland und Italien zu uns. Wenige Jahre nach dem Krieg wünschten sich die Menschen nichts mehr als etwas Luxus. Südtirol war vor allem für die deutschen Gäste ein Eldorado: Wunderschöne Landschaft, freundliche Menschen, die Deutsch sprachen, und bei uns war es deutlich wärmer als im hohen Norden. Zu uns kamen sehr viel mehr Deutsche als Italiener, nur zu „Ferragosto" Mitte August kamen auch viele Italiener.

Einige Jahre nach dem Krieg vermittelte der geistliche Freund meines Stiefvaters eine Reise zu uns nach Welschnofen mit weit über hundert Menschen aus seinem Dekanat am Niederrhein in der Nähe zu Holland. Die hatten natürlich nicht alle in unseren Fremdenzimmern Platz, sondern das halbe Dorf durfte sie beherbergen. Das war für uns alle ein lukratives Geschäft, der Geistliche, der mittlerweile zum Dekan aufgestiegen war, unterstützte uns, wo er nur konnte. Sein Leben lang kam er jährlich mindestens einmal nach Südtirol, er war und blieb bis zuletzt der beste Freund meines Stiefvaters.

Ab Ende der 1950er und in den 1960er Jahren, als der Tourismus boomte, war im Hochsommer bei uns kein Bett mehr frei. Besonders zu „Ferragosto", also der Woche in der Mitte des Monats August, wenn in Italien alle Betriebe geschlossen hatten, war es normal, dass den ganzen Tag über das Telefon läutete und Menschen verzweifelt nach einem freien Zimmer fragten. Sie wären auch bereit, im Keller zu schlafen, auf dem Dachboden oder im Hof, sagten sie, sie wollten nur die herrliche Bergluft bei uns genießen, alles andere sei egal. In den Keller haben wir nie jemanden geschickt, aber dass wir Kinder in dieser Zeit unsere Zimmer räumten, war selbstverständlich. Wir wussten, die Touristen brachten gutes Geld, und in dieser kurzen Zeitspanne wurde sehr viel verdient. Meine Eltern waren sehr großzügig mit mir, sie überließen mir jedes Jahr die Einkünfte, die sie durch die Vermietung meines Zimmers erhielten. Ich habe das Geld meistens in Bücher investiert, da ich immer schon sehr gerne las.

In Welschnofen befanden sich im Hochsommer früher so viele Touristen, dass abends durch das Dorf flaniert wurde – wie am Meer. Die Menschen gingen von Bar zu Bar und machten natürlich gerne bei uns am Platz halt. Dort genehmigten sie sich einen Eisbecher oder ein alkoholisches Getränk. Einheimische Männer kamen gerne in Gruppen oder alleine. Junge einheimische Frauen hingegen betraten fast nie allein eine Bar, das gehörte sich nicht. Zu zweit hingegen kamen sie gerne, um einen Kaffee zu trinken und sich in angenehmer Atmosphäre zu unterhalten.

Unser Eiskaffee war der Renner. Auch ich habe gerne ab und zu einen genossen. Oft wurde ich von den Gästen auf ein Getränk eingeladen. Alkohol habe ich jedoch gemieden, nur zu Silvester habe ich mir ein Gläschen Sekt gegönnt, um mit den Gästen anzustoßen. Mir gegenüber unhöflich benahm sich nie ein Gast. Als Tochter des Hauses, mit den Eltern in der Nähe, hätte sich das keiner getraut. Als ich später unterrichtete, half ich auch an jedem Sonntag in der Bar aus, das war selbstverständlich in einer Familie aus dem Gastgewerbe.

In der Bar „Dolomiten"

Die Arbeit in der Bar machte mir großen Spaß. Ich kannte alle Leute im Dorf. Es ist eigentlich nie vorgekommen, dass ich von den jungen Männern auf unangemessene Weise belästigt worden wäre. Außerdem habe ich abends nie bedient, ich war immer nur untertags in der Bar. „Berta, noch ein Bier" klang es den ganzen Sommer lang oder „Fräulein, bitte zwei Kugeln Eis" oder natürlich „Fräulein, bitte zahlen!". Wir hatten einige Mitarbeiterinnen, eine Frau, die auch in der Bar aushalf, für die Zimmer, und einige Kellnerinnen, meistens zwei. Die Gläser haben wir per Hand gespült, eine Spülmaschine gab es noch nicht. Nach dem Abtrocknen haben wir sie gegen das Licht gehalten, um zu prüfen, ob sie auch wirklich sauber waren.

Alle Kuchen, die wir verkauften, backte meine Mutter selbst. Es waren alle Jahre über dieselben: Linzer Torte, Apfelkuchen, Nusstorte, Obstkuchen und natürlich die allseits beliebte Schokoladentorte. Immer wieder versuchten die Gäste, die Rezepte aus meiner Mutter herauszulocken, aber die verriet sie nie. Im Sommer backte sie bis zu sieben Torten am Tag, ich half ihr vormittags dabei. Viele Gäste bestellten vor ihrer Abreise noch eine Torte, um sich den Abschied zu versüßen. Manchmal bestellten Einheimische Torten für Hochzeiten oder Familienfeiern. Meine Mutter hatte keine Ausbildung in diesem Bereich, sie war einfach ein Naturtalent. Nach der Pflichtschule hatte sie ein Pensionat im Trentino besucht, um gut Italienisch zu lernen. Mein Großvater hatte dies in weiser Voraussicht entschieden. Allerdings wurde das Pensionat von sehr strengen Klosterfrauen geführt, meine Mutter hatte keine guten Erinnerungen an diese Zeit. Obwohl das Schulgeld ansehnlich war, sparten die Klosterfrauen an allem, so auch an den Heizkosten. Das hatte für meine Mutter zur Folge, dass ihre Füße in den eiskalten Schlafräumen erfroren. Sie durfte sich nicht bei ihren Eltern beschweren, denn jeder Brief, der nach Hause geschickt wurde, erlag einer strengen Zensur. Als meine Großeltern erfuhren, wie ihre jüngste Tochter behandelt wurde, nahmen sie sie aus der Schule. Später hat sie in Bozen eine Handelsschule besucht, um sich in Buchhaltung und Geschäftsführung auszubilden. Das alles konnte sie später gut gebrauchen.

Das Eis stellte mein Stiefvater selbst her, auch das hatte er in Rom gelernt. Es war allseits beliebt, bei den Einheimischen wie bei den Gästen. Er besaß eine Eismaschine, und im Sommer arbeitete er täglich damit. Die frischen Zutaten wie Milch, Eier und natürlich Obst sowie Nüsse brachten wir ihm aus dem Geschäft nebenan, und er stellte dann damit das köstliche Eis her. Da er sehr kreativ war, probierte er neben den Klassikern wie Vanille, Nuss, Schokolade, Erdbeere immer wieder neue Sorten aus. Die Eisbecher, die er kreierte, waren legendär, mir läuft heute noch das Wasser im Mund zusammen, wenn ich daran denke. Meine Lieblingseissorte war Schokolade.

Kurzurlaube im Hochsommer gab es nicht, die Gäste blieben mindestens zwei Wochen lang, manche sogar drei bis vier Wochen. So war es ganz selbstverständlich, dass mit vielen Hausgästen jahrelange Freundschaften entstanden. Die Gäste waren finanziell gutstehend und gebildet, in dieser Zeit mussten noch sehr viele Menschen mit dem täglichen Überleben kämpfen, die meisten konnten sich gar keinen Urlaub leisten. Aber von Jahr zu Jahr wurden es mehr, und auch einkommensschwächere Bevölkerungsschichten konnten sich ihren wohlverdienten Urlaub leisten. Unsere Hausgäste frühstückten in der Veranda. Es gab frisches Brot, Butter und Marmelade. Manche Gäste wünschten auch Aufschnitt und Eier. Dazu gab es Milch, nach Belieben Kaffee oder Tee und für die jüngsten Gäste einen Kakao. Die Semmeln haben wir im Backrohr vorgewärmt, so waren sie warm und knackig. Die Gäste verbrachten den Tag dann meistens mit Wanderungen und nahmen ihr Mittagessen auf den Schutzhütten und Berggasthäusern ein. Zu Abend aßen sie in den verschiedenen Gasthäusern im Dorf. Ferienwohnungen gab es damals kaum, „Zimmer mit Frühstück" war die übliche Beherbergungsform. Manche Gäste aßen abends nur ein belegtes Brot bei uns an der Bar, aber die meisten wollten nach den entbehrungsreichen Kriegsjahren gut und viel essen.

Die Bar „Dolomiten" befindet sich am Kirchplatz vis-à-vis von der Kirche. Die Bar lag also im Herzen des Dorfes, und fast alle, Einheimische wie Gäste, kehrten bei uns ein. Die Gästezimmer befanden sich im ersten und im zweiten Stock des Hauses. Auf jeder Zimmertür befand sich ein Nummernschild. Die Nummer 13 hatten wir ausgelassen, da niemand dort wohnen wollte, da diese Nummer bekanntlich Unglück bringen soll. Anfangs gab es noch keine WCs im Zimmer, nur Waschbecken, eine Toilette befand sich auf jeder Etage. Das war damals allgemein üblich. „Fließend Warmwasser" ist ein bekannter Werbespruch aus dieser Zeit, der auf vielen Prospekten zu lesen war. Später wuchsen die Ansprüche, und jedes Zimmer wurde mit Dusche und WC ausgestattet.

Unsere Bartheke war länglich, alles war aus Holz gebaut. Ich blieb meistens an der Theke und richtete die Getränke her, während die Kellnerinnen an den Tischen bedienten. Hinter mir befanden sich schon damals die alkoholischen Getränke, Schnäpse und Liköre, die vor allem in den Abendstunden gerne konsumiert wurden. Aber betrunkene Gäste gab es bei uns kaum, da meine Eltern stets darauf bedacht waren, ein gutes Verhältnis mit den Ordnungskräften aufrechtzuerhalten und die geltenden Regeln einzuhalten. Deshalb schenkten sie den Gästen nach ein paar Gläsern einfach keinen Alkohol mehr nach. Auch sonst legten meine Eltern immer großen Wert darauf, dass sich die Gäste bei uns wohlfühlten. Das fing bereits bei der Garderobe an: Nie ging mein Stiefvater ohne Krawatte in die Bar, auch meine Mutter war als Chefin stets adrett gekleidet. Sie kaufte mir gerne schöne Kleider, die ich in der Bar trug. „In die Bar gehen wir immer schön gekleidet, nie schlampig oder nachlässig", sagte sie oft und achtete darauf, dass auch unsere Kellnerinnen immer sauber und gepflegt waren. Diese trugen über ihrer schwarzen Kleidung meistens ein weißes Schürzchen. Wir hatten sehr freundliche Kellnerinnen, mit denen wir ein gutes Verhältnis pflegten. An eine erinnere ich mich besonders gut, weil sie eine sonnige Ausstrahlung hatte. Meine Mutter kochte für uns alle, und zu Mittag wechselte sich das Personal ab und kam in die Küche im ersten Stock, in der gemeinsam gegessen wurde. Die Kellnerin rief immer schon im Stiegenhaus: „Heute gibt es etwas Gutes!", obwohl sie noch keine Ahnung hatte, was meine Mutter gekocht hatte. Das wurde für uns fast ein geflügeltes Wort, diese positive Einstellung hat uns gut gefallen.

Bei uns nannte man die Urlauber die „Hearischen", das stammte vom Begriff „die Herrischen" ab. Auch wenn in allen Jahren niemand dabei war, der uns „beherrschen" wollte, blieb dieser Begriff bestehen. Das Speiseeis nannten wir „Gelati", vom italienischen „Gelato". „Mogsch an Gelati", wurde dann oft gefragt, dieser Begriff war gang und gäbe, jeder bei uns verwendete ihn. Einmal fragte mich im Winter ein deutscher Gast nach einem „heißen Ei". Ich verstand nicht gleich, was er wollte, und servierte ihm ein hart gekochtes Ei. Zuerst lachte er, aber als er sah, dass ich ihn wirklich nicht verstanden hatte, klärte er mich auf, dass er darunter einen heißen Eierlikör verstand. Da musste ich auch lachen und brachte ihm das Gewünschte. Zum Glück gab es nicht oft solche Missverständnisse.

Unsere Gäste gingen bei uns in der Wohnung gerne ein und aus, wir boten sozusagen Familienanschluss. Das störte mich aber nie, da wir das Glück hatten, sehr nette Menschen bei uns beherbergen zu dürfen. Vor Weihnachten verbrachten wir viel Zeit damit, allen die obligatorische Weihnachtskarte zu schreiben, und fast alle schrieben uns zurück. Natürlich außer den Stammgästen, die auch die Weihnachtszeit bei uns im Hause verbrachten.

Das Skifahren war im Aufschwung, damals gab es nicht nur am Karerpass, sondern sogar unter unserem Haus einen kleinen Skilift, mitten im Dorf. Ich selber fuhr natürlich auch Ski. Ich erinnere mich daran, wie ungerecht ich es in meiner Schulzeit empfunden habe, dass wir Mädchen Handarbeiten machen mussten, die Buben aber Ski fahren durften. Am Nachmittag nach der Schule nahm ich oft meine Ski und fuhr direkt unter unserem Haus den Hang hinab. Das war übrigens der einzige Moment, in dem ich Hosen trug, sonst waren sie für uns Mädchen verpönt. Die Winter waren noch richtig schneereich, manchmal schneite es so stark, dass die Autos kaum mehr fahren konnten. Trotzdem, auch das weiße winterliche Welschnofen war bei den Gästen sehr beliebt.

Urlaub

Bevor die Hauptsaison anfing, fuhr meine Mutter jedes Jahr mit meinen Brüdern und mir zwei Wochen lang nach

Miramare an die Adria. Das tat ihr gut, sie sammelte Kräfte für den langen Sommer und genoss es, auch selbst einmal Gast bei anderen zu sein. Außerdem war sie ein eher dunkler Typ und bekam schon bald eine gesunde attraktive Bräune, obwohl sie nur eine schwache Sonnencreme benutzte. Bei mir war das anders: Mit meiner hellen Haut mied ich die Sonne, die Sonnencremes waren früher auch kaum mit den heutigen vergleichbar, und so bekam ich jährlich einen gewaltigen Sonnenbrand, obwohl ich nur im Schatten lag. Dazu kam, dass die lästigen Stechmücken, die meine Mutter nicht zu beachten schienen, in mir das ideale Opfer gefunden hatten, sodass ich zwischen Sonnenbrand und Mückenstichen nicht wusste, was das kleinere Übel war. Ich hasste diese Meeraufenthalte und sehnte mich nach meinem frischen Bergdorf Welschnofen zurück. Es war so langweilig am Meer, ich las zwar auf dem Liegestuhl ein Buch nach dem anderen, aber ein Tag war wie der andere, und ich wollte nur heim. Mit fünfzehn teilte ich meiner Mutter deshalb mit, dass ich nicht mehr am gemeinsamen Strandurlaub teilnehmen würde. Sie bedauerte es zwar, ließ mich aber gewähren, und so konnte ich wieder daheim in der frischen Luft meine Ferien genießen.

Im Spätherbst, meistens im November, wurde die Bar jedes Jahr drei Wochen geschlossen. In dieser Zeit kamen kaum Gäste nach Welschnofen, dafür konnten meine Eltern nun ausgiebige Reisen machen. Wir Kinder besuchten die Schule, meistens kamen Verwandte zu uns, um uns zu betreuen. Meine Eltern arbeiteten immer so viel, da hatten sie sich diesen Urlaub mehr als verdient. Ansonsten war immer schon der Donnerstag der Ruhetag in der Bar, außer im Hochsommer, da gab es natürlich keinen. Die Hausgäste wurden sowieso immer betreut, Frühstück gab es natürlich auch dann, wenn die Bar geschlossen war.

Ab meinem 16. Lebensjahr half ich im Sommer in der Bar mit, dann war von Langeweile sowieso keine Rede mehr. Nebenher gab ich noch Nachhilfestunden, da war ich voll beschäftigt. Einen Sommer lang habe ich gemeinsam mit einem italienischen Hotelgast einige Kapitel des „Werther" ins Italienische übersetzt, das war eine anstrengende, aber interessante Arbeit, die ich in meinen freien Stunden ausübte. Die junge Frau studierte an einer Universität in Oberitalien Germanistik, und als sie im Urlaub hörte, dass ich eine Oberschule besuchte und gut Italienisch sprach, blieb sie einfach länger hier und bezahlte mich gut dafür, mit ihr gemeinsam diese Übersetzung durchzuführen, die sie für ihre „Tesi", also ihre Doktorarbeit, benötigte.

Der erste Fernseher, der Hobbyfilmer und die Jukebox

Mitte der 1950er Jahre gab es eine Neuheit in Welschnofen: Mein Stiefvater hatte den ersten Fernseher im Dorf gekauft. Er befand sich bei uns in der Bar und lief den ganzen Tag über. Er war sehr klein im Vergleich mit den heutigen Geräten mit den riesigen Bildschirmen, aber dennoch eine Sensation für uns. Damals gab es nur italienischsprachige Fernsehprogramme bei uns, die deutschen Sender wurden erst Jahre später übertragen. Ich erinnere mich noch daran, wie ich das erste Mal ferngesehen habe, es war 1956, Toni Sailer gewann bei den Olympischen Spielen in Cortina drei Goldmedaillen. Es war unglaublich, ich war wie alle fasziniert von dieser neuen technischen Errungenschaft.

Der Fernseher war das allgemeine Gesprächsthema im Dorf und zog zahlreiche Interessierte an – alle wollten das neue Gerät sehen, wollten selbst erleben, wie es ist, wenn eine hübsche junge Frau direkt aus diesem komischen kleinen Kästchen spricht. Wir versprachen uns einen hohen Umsatz aus dieser Aktion. Aber da hatten wir uns wohl getäuscht: Die Bar war zwar so überfüllt, dass es weder freie Sitz- noch Stehplätze gab, aber die meisten jener Einheimischen, die sonst kaum zu uns kamen, konsumierten nichts, sondern starrten nur in das moderne technische Gerät. Da ärgerte sich mein Stiefvater, er brachte den Fernseher in den ersten Stock in unsere Stube, und von da an haben wir nur mehr privat ferngesehen. Die Hausgäste, von denen die meisten bereits ein Fernsehgerät zu Hause besaßen, luden wir oft ein, mit uns gemeinsam fernzusehen, aber den Neugierigen blieb das Gerät von nun an verwehrt.

Mein Stiefvater war ein leidenschaftlicher Hobbyfilmer, deshalb hat er viele unserer schönen Momente verewigt. Im Hintergrund sind die Autos der damaligen Zeit zu sehen, richtige Oldtimer. Wir als Kinder vor dem Haus, in den Bergen, er hat schon in den 1950er Jahren sehr viele Filme gedreht, die für uns heute Bilder unserer unvergesslichen Erinnerungen sind. In einem Film fahren wir alle zusammen in die Berge. Ich sitze auf dem Einersessellift, mein jüngster Bruder auf meinem Schoß, auch die anderen Familienmitglieder fahren hinauf zur Bergstation. Der Rosengarten schaut auf uns herunter, die Szene wirkt wie aus einem alten Heimatfilm, wunderschön. In Schwarz-Weiß oder in Farbe, Welschnofen in allen Facetten hat er für uns verewigt. Die Schriften auf den Geschäften waren bei uns fast alle einsprachig italienisch, auch die Bar hieß wie erwähnt „Dolomiti" und noch nicht „Dolomiten", ein Überbleibsel vom Faschismus. Wenn ich heute mit über 80 Jahren diese bewegten Bilder aus meiner Kindheit betrachte, kann ich kaum glauben, wie schnell die Zeit doch vergangen ist.

Ende der 1950er Jahre erwarben meine Eltern ein weiteres modernes Gerät: Eine Jukebox hielt bei uns in der Bar Einzug. Das war eine Freude! Ich war sofort begeistert, denn die Jukebox wurde fast pausenlos aktiviert, und so liefen ständig die neuesten Schlager bei uns. Deutsche, italienische, englische Lieder – ich mochte sie alle! Die Veranda wurde kurzerhand zum Tanzsaal umfunktioniert, und so war immer viel los bei uns. Einheimische wie Gäste tanzten gerne und freuten sich. Um die Jukebox zu aktivieren, mussten Münzen hineingeworfen werden, und es liefen dann drei Lieder hintereinander, die man vorher auswählen konnte. Ich habe immer sehr gerne getanzt. „Wenn dich während der Arbeit jemand zum Tanzen auffordert, kannst du das gerne tun", sagten meine Eltern, und so war es dann auch. Ich bediente, lachte, unterhielt die Gäste und – tanzte. Mitten in Welschnofen war durch unsere Jukebox fast so etwas wie eine Disco, wie die Tanzlokale später genannt wurden, entstanden. Oft schaltete ich die Jukebox für die Gäste ein. „Berta, spiel doch noch einmal ‚Rote Rosen, rote Lippen, roter Wein'!", hieß es dann zum Beispiel, und auch andere bekannte Hits wie „Aber dich gibt's nur einmal für mich",

„Nel blu dipinto di blu" und „Rock around the clock" liefen und heizten die Stimmung der Gäste gehörig auf. Meine Eltern hingegen tanzten nie, sie überließen das Tanzen den Leuten aus meiner Generation. Zwischendurch kamen Gäste zu mir, die direkt bei mir zahlen wollten, aber die meisten hatten Verständnis dafür, dass ich auch mal eine Pause brauchte. Am liebsten habe ich Rock 'n' Roll getanzt, dieser Tanz geht so richtig ins Blut, und ich mochte es, wenn mich ein guter Tänzer so richtig herumwirbelte! Mein Petticoat, den ich natürlich unter dem taillierten Kleid trug, wirbelte hin und her. Auch Walzer, Fox und die üblichen Standard-tänze mochte ich. Ich hatte nie einen Tanzkurs besucht, aber mit einem guten Tänzer an der Seite kann jede Frau tanzen, davon war ich immer schon überzeugt. Der einzige Tanz, der mir überhaupt nicht lag, war der Twist. Ein Nachbar und ehemaliger Mitschüler von mir wollte immer Twist mit mir tanzen. Der blonde junge Mann bewegte sich geschickt zu den schnellen Rhythmen, und bei ihm sah das alles so leicht aus. Gekonnt verdrehte er die Beine und hüpfte im Takt der amerikanischen Musik. Aber für mich war das nichts, ich schüttelte lachend den Kopf und tanzte lieber etwas anderes. Später, als dann die Jukeboxes nicht mehr üblich waren und überall durch Stereoanlagen ersetzt wurden, dachte ich oft an diese schöne Zeit zurück. Ein Unternehmer, mit dem wir manchmal zu tun hatten, hatte sein gesamtes Vermögen in Jukeboxes investiert, die er überall im Land in Gasthäusern aufstellte. Sogar seine eigene Wohnung hatte er verkauft, da er so überzeugt war von der Sicherheit dieser Geldanlage. Für uns war das Ende dieser Musikboxen bedauerlich, für ihn aber sein finanzieller Ruin.

Die Kurzhaarfrisur

Ich trug in meiner Oberschulzeit meine dunkelblonden Haare sehr lang, immer zu zwei Zöpfen geflochten, erst gegen Ende meiner Schulzeit trug ich einen kleinen Knoten. Einige meiner Mitschülerinnen trugen bereits einen flotten Kurzhaarschnitt. Auch ich wollte eine solche Frisur, doch da biss ich bei meiner Mutter auf Granit. Kurzhaarfrisuren waren ihr ein Gräuel, da gab es keine Diskussion. Als ich die Schule beendet hatte, klagte ich meinem Stiefvater mein Leid. „Das kriegen wir schon hin!", sagte er und lächelte verschmitzt. Und so kam es, dass er mich nach Bozen zu einer bekannten Friseurin brachte und ich mir einen Kurzhaarschnitt machen ließ. Als ich in den Spiegel sah, konnte ich mich kaum sattsehen: Aus der Flechtfrisur war eine wunderschöne Frisur geworden, wie sie alle Schauspielerinnen jener Zeit und manch junge Frau aus der Stadt trugen. Ich fühlte mich wie neugeboren und bereute diesen Schritt keine Sekunde. Meine Mutter war zwar anfangs etwas beleidigt, auch mit ihrem Mann, doch da sie sah, wie gut mir die neue Frisur stand, beruhigte sie sich bald. In der Bar bekam ich in jenem Sommer ein Kompliment nach dem anderen, alle lobten meine neue Frisur. Ich trage die Haare bis heute kurz. Ich war zwar größer als meine Mutter, aber trotzdem nicht besonders groß, und als junge Lehrerin wollte ich nicht mit einer Schülerin mit Zöpfen verwechselt werden.

Damals wurde in Italien gerade die sogenannte Einheitsmittelschule eingeführt. Es gab keine Latein- oder Handelsvorbildungsschule mehr, sondern eine Mittelschule für alle, die Voraussetzung für den weiteren Schulbesuch war. Deshalb besuchten auch einige Sechzehnjährige noch die Mittelschule. Da ich noch keine fixe Stelle hatte, unterrichtete ich mit knapp zwanzig Jahren ein Jahr lang an der neuen Mittelschule in Sarnthein Mathematik. Das war für mich eines der schönsten Schuljahre überhaupt. Mathematik war immer schon eines meiner Lieblingsfächer. In der Klasse waren fast zwanzig Schüler, die meisten davon Buben, die später eine Oberschule besuchen wollten. Es waren sehr motivierte Schüler, die fleißig lernten und sich sehr bemühten, kein einziges Mal gab es mit dieser Klasse Probleme, obwohl ich noch so jung war. Aber ein Schüler, der sechzehn Jahre alt war, hatte sich wohl in mich verliebt. Er schrieb mir oft kleine Liebesbriefe und versteckte sie in meiner Tasche oder am Pult, ich aber tat so, als hätte ich das nicht bemerkt. Ich war dann aber doch sehr erstaunt, als er zwei Jahre später im Sommer in der Bar in Welschnofen auftauchte. Einerseits freute ich mich, ihn zu sehen, weil er ein sehr freundlicher Schüler gewesen und nun ein fescher Mann geworden war. Aber er war immer noch vier Jahre jünger als ich, ich wollte einen älteren Mann, und in meinen Augen würde er immer mein Schüler sein, deshalb war ich zwar höflich, aber doch eindeutig, sodass er dann schließlich nicht mehr kam.

In der Mittelschule unterrichtete ich nie mehr, da ich für diesen Unterricht keine Punkte für die Rangliste als Volksschullehrerin erhielt, die notwendig waren, um mir irgendwann eine Stelle in einem anderen Ort meiner Wahl aussuchen zu können. Mein erstes Schuljahr als Lehrerin hatte ich nämlich in einer einklassigen Zwergschule in Eggenbach, einem Weiler im Eggental, verbracht, und mit 19 Jahren war das nicht so spannend. Ich war sogar mit einer Freundin einmal nach Innsbruck zur Universität gefahren, um vielleicht zu studieren, aber da waren so viele Leute, die durcheinanderrannten, fast alles nur Männer, da fühlten wir uns so verloren, dass wir sofort wieder unverrichteter Dinge heimgefahren sind.

Skandal

Mein Stiefvater blieb immer bis zum Schluss in der Bar. Oft spielte er mit den Gästen Karten, am liebsten Skat. Meine Mutter saß abends noch eine Weile daneben und strickte wunderschöne Pullover. Einen habe ich heute noch, sie war wahrlich kreativ. Meine Mutter ging bis ins hohe Alter in die Bar und begrüßte gerne die Gäste. Sie wollte nachsehen, ob alles in Ordnung wäre, erst in ihren letzten Lebensjahren, als sie nicht mehr so gut bei Fuß war, ging sie nicht mehr hinunter. Sie war Gastwirtin durch und durch und bemühte sich bis zuletzt um das Wohl der Gäste.

Geärgert hatte meinen Stiefvater, dass einige einheimische Gäste abends einfach nicht nach Hause gehen wollten. Er wollte die Sperrstunde einhalten, aber einigen schien es bei uns in der Bar besser zu gefallen als in ihren eigenen vier Wänden. Das hat ihn wütend gemacht, und oft rief er erbost: „Das kann doch nicht sein, es ist Sperrstunde, und ihr seid immer noch hier! Das ist ein Skandal!" So kam er zu seinem Übernamen „Skandal", der so bekannt war, dass manche sogar unsere Bar als „beim Skandal" betitelten.

Auch in die Faschingszeitung fand sein Übername Einzug, als beschrieben wurde, wo der Faschingsumzug stattfinden würde: unter anderem „bam Skandal vorbei". Noch mehr ärgerte ihn, dass die späten Gäste, als sie dann endlich die Bar verlassen hatten, ihre scheinbar unaufschiebbaren Unterhaltungen noch oft bis weit nach Mitternacht auf dem Dorfplatz fortführten und so laut redeten, sodass sich mancher Feriengast darüber beschwerte und auch wir kaum schlafen konnten.

Für meinen Stiefvater aber war, nachdem alle endlich gegangen waren, der Abend noch lange nicht zu Ende, denn nun musste er noch die Abrechnung des Tages machen und die Einnahmen zählen. Münzen über Münzen, Geldscheine und in späteren Jahren auch die Gettoni, das waren die Münzen, mit denen man in der Telefonzelle vor dem Haus telefonieren konnte, alles musste genau gezählt, notiert und eingetragen werden, damit die Buchhaltung stimmte. Er war sehr gewissenhaft.

Die Hausgäste

Wir hatten wirklich angenehme Hausgäste, die sich freuten, ihren Urlaub bei uns verbringen zu dürfen. Komplizierte Gäste mit Sonderwünschen gab es eigentlich keine bei uns. An eine Dame erinnere ich mich, der ihre schlanke Figur über alles ging. Als wir sie bei einer gemeinsamen Wanderung mit unseren Südtiroler Knödeln vertraut machen wollten, lehnte sie dankend ab, nachdem sie sich nach den Zutaten erkundigt hatte: „O nein, diese Knödel enthalten viel zu viele Kohlenhydrate!" Die meisten kamen mit ihrer Familie, oft brachte ein Ehemann seine Frau und seine Kinder und holte sie nach einigen Wochen ab. Manche kamen ganz alleine und genossen es, in Gesellschaft anderer Menschen zu sein. Ein älterer Arzt aus Rom kam jeden Sommer alleine zu uns. Er war Jude und sprach perfekt Deutsch und Italienisch und war sehr höflich. Den Krieg, der erst vor fünfzehn Jahren beendet war, erwähnte er nie, auch wir mieden das Thema. Wir schauten alle nach vorne, die jüngste traurige Vergangenheit wollten wir weit hinter uns lassen. Deutsche und italienische Gäste, die sich vielleicht im Krieg gegenübergestanden hatten, verstanden sich bei uns zwar sprachlich nicht, waren aber sehr freundlich zueinander. Die gemeinsame Liebe zu den Bergen und die Sehnsucht nach einem freien Leben in Frieden verband wohl alle.

Im Laufe der Zeit haben wir viele Kontakte geknüpft, uns mit so vielen Menschen gut verstanden. Ich erinnere mich noch gut an drei protestantische Pastoren, die gemeinsam mit ihren Ehefrauen bei uns Urlaub machten. Es waren sehr freundliche Leute, die wie wir die Berge liebten und gerne zu uns kamen. Für uns war es anfangs etwas ungewohnt, dass Pfarrer verheiratet waren, aber daran gewöhnten wir uns schnell.

Einige der Familien, die bei uns logierten, luden mich ein, sie in den Ferien zu besuchen. So bin ich bis nach Holland gekommen. Auch in Deutschland und Italien habe ich einige Male befreundete Gäste besucht. Das war für mich immer ein besonderes Erlebnis, so lernte ich Land und Leute kennen. Unsere Freunde zeigten mir die Sehenswürdigkeiten ihres Landes, und ich lernte viele neue Gerichte kennen, die ich zu Hause nie gegessen hatte. Diese Zeiten waren wunderschön, ich habe sie in sehr guter Erinnerung. In Holland haben mich meine Gastgeber allerdings darauf aufmerksam gemacht, nicht laut in deutscher Sprache zu reden. Der Krieg war noch nicht so lange vorbei, und viele Holländer mochten keine Deutschen. Auch meine Eltern reisten gerne und besuchten des Öfteren den einen oder anderen Gast.

Eine Dame, Frau M., ist mir besonders gut in Erinnerung, da sie jahrelang mit ihrer Familie bei uns logierte und ich einige Male bei ihnen zu Gast war. Sie war sehr hübsch und freundlich und immer gut gelaunt. Wir gingen gemeinsam wandern, ich habe noch viele Fotos von ihr. Sie war stets nach der neuesten Mode gekleidet, besonders habe ich ihre markanten Sonnenbrillen in Erinnerung. Das dunkle Haar trug sie in einem flotten Kurzhaarschnitt. Ihre Kinder hatte sie in sehr jungem Alter bekommen, auch diese waren nett. Ich fühlte mich bei dieser Familie wie zu Hause. Frau M. lud mich öfters ein, einige Wochen bei ihr in Süddeutschland zu verbringen. Da zeigte sie mir viele schöne Orte. Besonders beeindruckt war ich vom Bodensee und von den Inseln Mainau und Reichenau. Im Gegenteil zum Meer fühlte ich mich hier sehr wohl, ich mochte den riesigen Bodensee mit der eigentümlichen Landschaft, wunderschön! Frau M. bemühte sich sehr um mich, Heimweh hatte ich nie.

Im Sommer 1961 befand ich mich mit meiner Klasse auf der Maturareise in Rom. Ich genoss die schönen Tage in dieser wunderschönen Stadt, doch dann rief mich meine Mutter ganz aufgelöst an. Sie berichtete mir, dass die nette

Frau M. im Alter von nur 36 Jahren verstorben war. Ich war außer mir und konnte das gar nicht begreifen. So eine schöne, freundliche Frau. Ich war unendlich traurig. Später hatte ihr Ehemann wieder geheiratet und kam in den darauffolgenden Jahren mit seiner neuen Ehefrau zu uns nach Welschnofen. Aber ich habe die andere nie vergessen, mit ihrer noblen, angenehmen Art.

Schach und Honig

Mein Stiefvater hatte eine große Passion für das Schachspiel. Unsere Bar diente als Austragungsort der Spiele des Schachklubs von Welschnofen. Oft fanden auch Turniere bei uns statt. Ich habe nie Schach gespielt, sondern stattdessen die Spieler mit Getränken und Häppchen versorgt. Von überall her kamen Anhänger dieses alten und ehrwürdigen Spiels. Mein Stiefvater und einer seiner Brüder waren sehr gute Schachspieler und gewannen viele Spiele. Besonders begabt war mein jüngster Bruder, bereits in seiner Teenagerzeit. Sein Name war oft in der Zeitung zu lesen, er wurde als Nachwuchshoffnung bezeichnet. Einmal hat er bei einem Simultanschachspiel gegen den italienischen Meister gewonnen, und das mit fünfzehn Jahren.

Wenn die Schachturniere stattfanden, war es sehr ruhig bei uns auf der Veranda, wo die Spiele ausgetragen wurden. Der vordere Teil der Bar war durch große Glastüren abgetrennt. Fast ehrfürchtig vor dem jahrtausendealten Spiel verhielten sich sogar die anderen Barbesucher leise. Man hörte nur das Ticken der Schachuhren und manchmal ein verhaltenes Stöhnen eines angehenden Verlierers. Die Getränke, die ich den Spielern lieferte, stellte ich ganz leise seitlich auf ihre Tische, um nicht zu stören. Niemand würdigte mich oder die Kellnerinnen eines Blickes, alle waren hoch konzentriert. Erst nach Turnierende feierten die Spieler ausgiebig bis in die späten Abendstunden. Schachspielerinnen gab es fast keine, nur höchst selten war eine dabei.

Mein Stiefvater war nicht nur Gastwirt, sondern wie sein Vater zuvor begeisterter Imker. Unterhalb unseres Hauses befanden sich zahlreiche Bienenstöcke, die sein ganzer Stolz waren. Er widmete sich dieser Aufgabe mit Liebe und Sorgfalt, und sein Honig war der beste, den ich kannte. Der Berghonig schmeckt ganz anders, intensiv und würzig. Nicht jedes Jahr war ein gutes Bienenjahr, aber manchmal schenkte er unseren Gästen zu ihrer großen Freude vor der Abreise ein Glas seines köstlichen goldgelben Honigs.

Gespräche an der Bar

Ich mochte die Sommermonate in der Bar daheim, für mich war es immer eine willkommene Abwechslung, obwohl ich sehr gerne als Lehrerin arbeitete. Ich verbrachte sehr viele Stunden in der Bar, trotzdem kam es mir nie wie eine Arbeit vor, sondern eher wie ein Gespräch mit Freunden. Einige Männer kamen an die Theke und erzählten, was sie alles erlebt hatten, und freuten sich über das Interesse, das ihnen von uns entgegengebracht wurde. Andere sprachen über das, was gerade in der Zeitung stand. Das führte dazu, dass ich nicht nur über alles Wichtige und weniger Wichtige informiert war, sondern auch, dass ich manchmal dasselbe Gespräch fünfmal und öfter am Tag führte. Das begann dann in etwa so: „Hast du schon gehört …", „Im Pustertal ist das und das geschehen …", „Der Landeshauptmann hat gesagt …". Manchmal musste ich fast lachen, wenn ich dann die gleiche Geschichte zum x-ten Mal hörte, oft von Mal zu Mal in einer anderen Version, je nachdem, wer sie gelesen oder davon gehört hatte. Wieder andere Gäste haben mir jungen Frau ihre Probleme erzählt. Es war nicht immer einfach, ihnen gerecht zu werden, da ich ja gleichzeitig andere Gäste bedienen musste und sie trotzdem nicht vernachlässigen wollte. Aber auch das gehört im Gastgewerbe dazu, ich war nicht bloß Bedienung, sondern Zuhörerin, manchmal fast Psychologin. Aber wenn man die Menschen mag, dann ist es in Ordnung.

Das Einzige, das mich oft störte, war, dass einige Leute manchmal gegenseitig hinter ihrem Rücken schlecht übereinander sprachen. Zuerst unterhielten sie sich freundlich, tauschten die eine oder andere Neuigkeit aus, aber sobald der eine die Bar verlassen hatte, erzählte der andere etwas Schlechtes über ihn. Besonders schlimm war es, wenn jemand etwas gekauft hatte, ein Grundstück oder ein Auto, oder ein Haus baute. „Wo hat der denn das Geld her?", fragten sich dann einige Männer. Ich tat dann meistens so, als ob ich das nicht verstanden hätte, aber diese Falschheit und Missgunst mochte ich nicht.

Ich war wie eine Beichtmutter und habe nie etwas weitererzählt, das war fast wie ein Berufsgeheimnis.

Einige trieben ihre Späße mit uns. Ein älterer Gast, ein Verwandter meiner Mutter, bestellte nie auf herkömmliche

Weise seinen Kaffee, sondern er führte mit seiner rechten Hand eine Bewegung aus, als ob er in einer imaginären Tasse umrühren würde, und führte diese dann an seinen Mund. So machte er das täglich, und so erhielt er von uns immer seinen Kaffee. Freundlich waren wir hinter der Theke alle, das gehört sich so, für schlechte Laune bezahlt niemand gerne. Aber auch die Gäste haben sich sehr anständig benommen, zu meiner Zeit wurde Höflichkeit noch allgemein großgeschrieben.

Unsere Preise waren fair. Wir waren sicher nicht überteuert, das hat auch nie jemand behauptet. Umso mehr bedauerte ich es, als eines Tages ein altes Weiblein aus dem Dorf am Nachmittag Kaffee und Kuchen verlangte und anschließend zutiefst erschrak, als ich ihr sagte, wie viel sie zu bezahlen hätte. „So viel?", fragte sie entgeistert und schaute mich traurig an. „Das habe ich gar nicht", sagte sie ganz eingeschüchtert. „Das ist schon in Ordnung", antwortete ich leise und achtete darauf, dass niemand die Szene mitbekam, um die alte Frau nicht noch mehr zu beschämen. Sie kam nicht wieder, und irgendwie hatte ich ein schlechtes Gewissen. In den späten 1950er Jahren gab es noch viel zu viele vor allem alte Menschen, die sich einen Kaffeehausbesuch kaum leisten konnten.

Unterhaltung in Welschnofen

Zu Herz Jesu und zu Fronleichnam gab es bei uns wie überall im Land große Prozessionen, da zogen die Musikkapelle, die Feuerwehr und die Schützen durch das Dorf. Meine

Mutter war die Patin der Musikkapelle, und sie war sehr stolz darauf, außerdem war sie sehr musikalisch. Wir konnten die Prozession bequem vom Fenster aus beobachten, da alle bei uns vorbeizogen. Die Konzerte fanden am Dorfplatz statt, eigene Sitzmöglichkeiten wurden für die Musikkapelle aufgestellt. Für die Patin wurde fast jedes Mal eigens ein Marsch gespielt. Darüber freute sich meine Mutter sehr. Einer der Musikanten führte das „Fahnlschwingen" auf, das begeisterte die Menge. Gekonnt schwenkte er die Fahne genau im Takt der Musik hin und her, und alle schauten ihm wie gebannt zu. Mein Stiefvater hat auch das gefilmt.

Es gab in meiner Jugend bereits die ersten Sommerfeste, die Waldfeste genannt wurden. Eines fand am Dorfeingang beim „Schneiderwaldele" statt, ein anderes etwas weiter oberhalb im Wald hinter dem „Pentner". Es wurden Stände aufgestellt, an denen man Essen und Getränke kaufen konnte, und die Musikkapelle spielte ihre schönsten Märsche. Die Leute konnten tanzen, sowohl die Einheimischen als auch die Feriengäste kamen gerne vorbei. Für die Vereine war das eine gute Einnahmemöglichkeit und für die Leute eine angenehme Veranstaltung.

Ende der 1960er Jahre wurde in Welschnofen ein Freibad eröffnet. Das kam bei Einheimischen und Gästen sehr gut an. Die Badesaison war nur kurz, da es in Welschnofen mit seiner Lage auf 1182 Meter Meereshöhe doch recht frisch ist, aber es war ein voller Erfolg. Einige junge Leute, die den ganzen Tag dort verbrachten und noch nie Bekanntschaft mit einer Sonnencreme gemacht hatten, wurden allerdings derart von der Sonne verbrannt, dass sie das nächste Mal vorsichtiger waren. Auch die Feriengäste waren begeistert, nun konnten sie nach einer anstrengenden Wanderung am Rosengarten noch einen erfrischenden Sprung in das kühle Nass wagen und dabei ihre schöne Bademode zeigen.

Turbulente Szenen

Manchmal gab es turbulente Beziehungen zwischen unseren Gästen. Da war ein Ehepaar, der Mann deutlich älter als die junge, hübsche Ehefrau, ein betuchter Unternehmer, allerdings mit wenig Sinn für Romantik. Frau und Kinder lud er bei uns ab und holte sie jedes Jahr drei Wochen später wieder ab. So konnten sie bei uns wandern und sich in der frischen Bergluft erholen. Was er jedoch nicht wusste und ich erst Jahre später erfuhr, da dieses Geheimnis immer von mir ferngehalten worden war, war, dass zeitgleich immer ein netter deutscher Arzt ganz alleine im Nebenhaus weilte. Er verstand sich ausgezeichnet mit der jungen Strohwitwe, und gemeinsam wanderten sie und tanzten sittlich miteinander. In Wirklichkeit war er ihr Geliebter, der eigens im selben Dorf logierte, und wären nicht die verliebten Blicke der beiden gewesen, hätte wohl niemand je ihre Beziehung entdeckt. Wie es mit ihnen weitergegangen ist, habe ich nie erfahren.

Eigentlich waren wir kein Haus für besondere Stunden, ganz im Gegenteil, bei uns gingen Pastoren und Dekane ein und aus, wir waren ein sittliches Haus. Unverheiratete Paare erhielten bei uns natürlich kein gemeinsames Zimmer. Umso mehr waren wir von einem Ereignis schockiert, das sich Anfang der 1960er Jahre bei uns zutrug und wir nie für möglich gehalten hätten. Es war an einem lauen Spätsommerabend. In unserer Bar herrschte eine ausgelassene Stimmung, die Jukebox lief, alle tanzten und unterhielten sich prächtig, Welschnofner und Gäste. Besonders gut unterhielten sich ein Einheimischer, gut situiert und gebildet, natürlich verheiratet, und eine kokette deutsche Urlauberin in den besten Jahren. Sie tanzten einen Tanz nach dem anderen miteinander, und sobald die Musik verstummte, warf der galante Tanzpartner unter allgemeinem Jubel sofort wieder Münzen in die Jukebox. Ich tanzte mit einem netten Jungen aus der Nachbarschaft, der sich lustig machte über die zwei auffallend guten Tänzer. Jeder wusste, dass daheim sein Eheweib auf den munteren Herrn wartete. Sichtlich verliebt ließ sich die Dame von ihm hin- und herschleudern, und seine Blicke verrieten, dass er von seiner Tanzpartnerin sehr angetan war. Das ging noch eine Weile so weiter, aber plötzlich waren die beiden Tanzwütigen verschwunden. Ich dachte, dass der Welschnofner doch noch zur Vernunft gekommen wäre. Doch dem war nicht so. Etwas später kam eine unserer Kellnerinnen, der nie etwas entging, mit hochrotem Gesicht in die Bar und wandte sich an meinen Stiefvater. Der hörte kurz zu, was sie ihm zuflüsterte, dann verließ er schnell das Lokal. Man hörte kurze laute Schreie vom oberen Stock herab, die jedoch bald verstummten. Dann war alles ruhig, als wäre nichts geschehen. Erst am nächsten Morgen verriet mir meine Mutter, was sich zugetragen hatte: In ihrer frisch entflammten Liebe waren die beiden Turteltäubchen einfach nach oben gerannt, auf der Suche nach einem freien Zimmer, das sie auch gefunden und ungefragt für ihre Zweisamkeit genutzt hatten. Mein Stiefvater war zwar wütend über eine solche Frechheit, aber der Ruf des Hauses war ihm wichtiger, deshalb verscheuchte er den Welschnofner Don Juan mit seiner Herzensdame dezent durch den Hinterausgang und machte kein großes Aufheben daraus. Zum Glück war das das einzige Mal, dass so ein Ereignis bei uns stattfand.

Einige Paare haben bei uns zusammengefunden, vor allem natürlich beim Tanzen. Andere haben sich vor unseren Augen getrennt, mit und ohne Tränen, es war immer etwas los. Ich versuchte immer, mich nirgends einzumischen, weil das ja nicht meine Rolle war. Wir waren freundlich zu allen, jeder sollte sich bei uns wie zu Hause fühlen, das war uns wichtig. Ich glaube, es ist uns auch gelungen.

Erinnerungen

Eine nette Episode möchte ich noch erwähnen: Mein späterer Mann leistete 1962 seinen Militärdienst in L'Aquila in den Abruzzen ab. Damals dauerte diese Zeit noch achtzehn Monate, und sehr viele Freundschaften und gute Bekanntschaften haben sich zwischen den jungen Männern entwickelt. Später hat mir mein Mann oft erzählt, dass er unter anderem ein sehr gutes Verhältnis mit einem jungen Welschnofner hatte, der mit ihm in derselben Einheit den Militärdienst leistete. Nachdem sie sich besser kannten, sagte dieser oft zu ihm: „Du musst unbedingt einmal zu uns nach Welschnofen kommen. Da gibt es eine Bar mitten im Dorf, und die Tochter des Hauses ist Lehrerin. Sie hilft im Sommer immer in der Bar mit, und sie würde perfekt zu dir passen. Du musst unbedingt einmal kommen, um sie kennenzulernen! Ich stelle sie dir gerne vor!" Das hatte er oft zu meinem Zukünftigen gesagt, der aber dieses nett gemeinte Angebot nie annahm. Als wir uns Jahre später zufällig kennen- und lieben lernten, fielen ihm diese Worte wieder ein. Der ehemalige Militärkollege strahlte uns dann jedes Mal an, wenn er uns zusammen sah. Seine Einschätzung war richtig gewesen!

Ich habe insgesamt zehn Saisonen bei uns in der Bar gearbeitet. Ich möchte diese Zeit nie missen. Die Freundlichkeit der Menschen, die abwechslungsreiche Tätigkeit und vor allem der Kontrast zu meiner Arbeit als Lehrerin, das alles war für mich sehr wichtig. Natürlich auch der Kontakt zu den Menschen in meinem Dorf, die ich ja nicht mehr so oft sah, als ich in Meran zur Schule ging und später als Lehrerin in den verschiedenen Volksschulen im Lande arbeitete. Das Tanzen habe ich in besonders guter Erinnerung, die jungen Leute, das Lachen, die vielen schönen Momente. Es waren prägende Stunden und Tage für mich, die ich nicht missen möchte. Meine Kinder haben später in den Sommerferien in der Bar ausgeholfen, auch ihnen hat diese Arbeit gut gefallen, obwohl sie nicht im Gastgewerbe geblieben sind. Diese Erfahrungen bleiben für mich immer in guter Erinnerung.

In der Bar bedient habe ich bis zu meiner Hochzeit, dann habe ich meiner Mutter in den Sommermonaten nur mehr beim Kuchenbacken geholfen und mich sonst um meine Kinder gekümmert. Die Kuchen hat meine Mutter bis ins hohe Alter täglich fabriziert, sie war einfach eine

Gastwirtin mit Leib und Seele. Als es dann irgendwann in der Bar nicht mehr ihre hausgemachten Torten gab, da ist schon fast eine Ära zu Ende gegangen, eine Zeit, in der sie als Pionierin unter den vielen war, die aus dem traurigen Südtirol der Nachkriegszeit ein blühendes Tourismusland gemacht hat. Meine Mutter ist mit über 80 Jahren noch täglich in die Bar gegangen. Sie hat nach dem Rechten geschaut und die Gäste, die sie noch kannte, unterhalten. Das war ein Teil ihres Lebens, sie war bis zuletzt Gastwirtin und Chefin vom Scheitel bis zur Sohle. Es gibt sogar eine alte Ansichtskarte, auf der sie in der Welschnofner Tracht abgebildet ist. Allseits beliebt war sie gewesen, großzügig, unterhaltsam, lustig und dennoch sehr selbstbewusst, so kannten sie die Leute. Sie war rastlos und arbeitete von früh bis spät, Pausen hat sie nicht gekannt und auch nicht gebraucht.

Die Bar „Dolomiten" gibt es heute noch, auch wenn sie sich innen sehr verändert hat, äußerlich schaut sie noch fast gleich aus wie in meiner Jugend. Der Kirchplatz sieht jetzt anders aus, die Pflasterung ist neu, die Kirche hat sich innen verändert, außen kaum. Die Bienen unter dem Haus gibt es nicht mehr. Der Platz, an dem meine Eltern in der Stube saßen, die Mutter mit einer Handarbeit, der Vater über den Büchern, ist leer. Aber immer, wenn ich in Welschnofen bin, denke ich an die schönen Jahre zurück, die ich in meiner Jugend hier verbracht habe. So schnell vergeht die Zeit, aber die Erinnerungen kann einem keiner nehmen, die bleiben immer bestehen, und je älter man wird, desto schwächer werden die Erinnerungen aus jüngster Zeit, aber umso stärker jene aus Kinder- und

Jugendtagen. Fast alle Gäste aus jener Zeit sind inzwischen verstorben, die Weihnachtskarten sind nach und nach ausgeblieben. Aber wenn ich die Fotos oder Filme von früher ansehe, erscheint es mir so, als wäre ich immer noch zwanzig, lachend an der Bar, und jemand würde einen Kaffee bei mir bestellen.

S. M. E.

Der Mut der Unwissenden

Elisabeth M., Jahrgang 1943, Passeiertal

Sie hatte kurze dunkle lockige Haare und trug ein rotes mit Blumen besticktes Kleid. An der einen Hand einen bunten kleinen Schirm haltend, balancierte sie leichtfüßig auf dem dicken Seil von einem Holzpfosten zum anderen. In der Mitte des Seiles blieb sie stehen, drehte sich zu uns Zuschauern hin und führte noch weitere Kunststücke vor. Mir blieb vor Aufregung der Atem stehen, gebannt schaute ich dem Mädchen zu und klatschte, so laut ich konnte, als sie auf den Boden sprang. Wir waren beide Kinder, vielleicht sogar gleich alt, ich mit meinen langen Zöpfen und dem braunen Kittel, ein Mädchen vom Bauernhof, sie eine Seiltänzerin im Wanderzirkus mit unerhört kurzen Haaren. Auch wir Kinder versuchten, auf einem Holzstamm zu balancieren, ich rutschte jedoch ab und unter dem Gelächter der anderen zog ich mir einen bösen Holzschiefer in die Hand. Als der Zirkus in das nächste Dorf weiterzog, schaute ich dem Zug der bunten Holzkarren noch lange hinterher, während dicke Tränen über meine Wangen rannen.

Es war während der Kriegszeit, als ich 1943 als fünftes von sechs Kindern auf einem Bauernhof im Passeiertal in der Nähe von Meran in diese Welt kam. Nach der Volksschule blieb ich auf dem Hof und half der Mutter im Haushalt und bei der Hofarbeit. Je älter ich wurde, desto öfter kam es zum Streit. Die ganze Welt war im Umbruch, statt der Karren fuhren nun Autos, auf den Feldern arbeiteten nicht mehr Knechte und Mägde, sondern fuhren Traktoren, die Haare und Röcke der Mädchen wurden kürzer und kürzer. Meine Mutter aber, die änderte sich nicht, sie blieb gleich mit ihrem Kranz im Haar, dem langen Rock, in der Tasche ihrer Schürze immer griffbereit der Rosenkranz. Als ich mit zwanzig Jahren ohne ihre Erlaubnis meine Haare schneiden ließ, war sie entsetzt. Sie lachte über meine Strickhefte mit den Anleitungen der engen kurzen langärmligen Rollkragenpullover, und als ich mir von einer Freundin eine große dunkle Sonnenbrille auslieh, da griff sie nur noch wortlos in ihre Schürzentasche nach dem geweihten Glasperlenkranz, um wenigstens mit dem Herrgott ihren Jammer über die verrückte Tochter teilen zu können. Vom ledernen hellen Minirock und den kniehohen dunklen Stiefeln, die ich bei einer Freundin versteckt hatte und anzog, wenn wir in die Stadt fuhren, hat sie zum Glück nie erfahren. Die Mädchen auf den Strickzeitungen waren Ende der 1960er Jahre unsere Vorbilder. Die alte Zeit war vorbei, die neue aufregend und wunderbar.

Ich war bereits Mitte zwanzig, als ich Hans kennenlernte. Er arbeitete in einem großen Handwerksbetrieb in Meran. Hans lachte viel und war sehr fleißig. Bereits sechs Monate, nachdem wir uns kennengelernt hatten, heirateten wir zur großen Freude meiner Eltern. Besonders die Mutter war glücklich, ihre Zweitjüngste endlich im sicheren Hafen der Ehe zu wissen. Hochzeitsreise gab es keine, dafür reichte das Geld nicht, so folgten wir der Tradition und machten wie viele andere frisch Verheirateten einen Ausflug zum Wallfahrtsort Maria Weißenstein. Als Hans wenig später eine kleine Mietwohnung für uns fand, war ich froh, vom Hof meiner Eltern fortziehen zu können. Das Bad, welches sich im Flur unserer neuen Bleibe befand, mussten wir zwar mit der Mutter unseres Vermieters teilen, aber das störte nicht. „Wir werden hier sowieso nicht lange bleiben", meinte mein Mann. Letztendlich wurden aus der vermeintlichen Übergangslösung doch ganze sieben Jahre. Diese allerdings ohne Streit ums Badezimmer, sondern mit einer lieben Oma, die abends oft und lange in unserer Küche saß. Als sie starb, war ich so traurig, als sei eine Angehörige aus meiner eigenen Familie von uns gegangen.

Ein Traum erwacht zum Leben

Meine Eltern hatten mir als Erbteil bereits vor der Hochzeit mit Hans ein Stück Grund etwas abseits des Dorfes überschrieben, das als Baugrund benutzt werden durfte. „Wir könnten uns hier ein kleines Wohnhaus mit einigen Zimmern bauen. Dann kannst du diese vermieten, gleichzeitig auf unsere Kinder schauen und gemeinsam können wir so die Schulden schneller bezahlen", so seine Idee.

Schließlich war nicht zu übersehen, dass immer mehr Gäste aus Deutschland, die während der Sommermonate über das Timmelsjoch oder den Jaufenpass fuhren, nach einer Bleibe in unserem Tal suchten. Das Bauen boomte Anfang der 1970er Jahre, in den Dörfern stand ein Baukran neben dem anderen, Ziegel um Ziegel wurde ein Haus nach dem anderen in die Höhe gezogen. Wir sahen den Tourismus als die Chance unseres Lebens und machten einen Termin bei einem Geometer. „Ich zeichne euch ein wunderschönes

Haus mit einer großen überdachten Terrasse, geräumigen Zimmern und Licht, viel Licht", strahlte dieser. Und wirklich, die Pläne waren so kreativ und modern, dass die Baukommission in der Gemeinde nach jedem neuen Antrag ein negatives Gutachten ausstellte. Zwei Jahre vergingen, die Kreativität des Geometers kannte keine Grenzen. Er zeichnete und zeichnete, doch auf unserer Wiese grasten immer noch jeden Sommer die Kühe meines Bruders.

1970 – ich hatte mittlerweile eine Tochter geboren und war wieder schwanger, da platzte meinem Mann der Kragen. Er traf sich ein letztes Mal mit dem kreativen Zeichner, kündigte auf der Stelle die Zusammenarbeit und traf sich noch am selben Tag mit einem anderen Techniker. Diesmal dauerte es nur drei Tage und schon hatten wir ein neues Projekt auf unserem Küchentisch liegen. Als ich den Plan zum ersten Mal sah, dachte ich, auch dieser Techniker wolle uns auf den Arm nehmen, denn ich sah nicht die Zeichnung eines Wohnhauses, sondern einen großen Bau mit über fünfzehn Zimmern, jedes mit einem eigenen Bad, einen großen Speisesaal und entsprechend groß auch die Küche. Unsere private Wohnung war in diesem Projekt nur noch Nebensache.

„Ja, aber das ist doch viel zu groß", schnappte Hans zornig nach Luft. „Aber nein", lachte der Techniker. Euer Grund ist ideal für so einen Betrieb. Wir leben in einer Zeit des Aufschwungs, ihr wollt doch auch dabei sein und die Chance dieser Zeit nutzen oder etwa nicht? Nur ein ganz Dummer würde jetzt mit so einem schönen Grund nichts Gescheites auf die Beine stellen." – „Und wie sollen wir das jemals bezahlen, wir haben zwar diese Wiese, aber kein Geld." Er winkte nur ab. „Ach was, noch nie war es so leicht, bei der

Bank einen Kredit aufzunehmen. Das schafft ihr, glaubt mir. Ihr seid jung und fleißig, was sollte da schon schiefgehen."

Natürlich waren wir nicht dumm und natürlich wollten wir mitnaschen an diesem Kuchen. Im schlimmsten Fall würde man einfach alles verkaufen. Wobei der schlimmste Fall natürlich nie eintreffen würde. Natürlich. Das Projekt des neuen Technikers wurde ohne große Einwände von der Gemeinde genehmigt und eine Baufirma gesucht. Da wir bereits um Jahre im Verzug waren, begannen wir bereits mit den Aushubarbeiten, noch ehe die finanzielle Seite geklärt werden konnte.

Von der Wirklichkeit eingeholt

Die erste Ernüchterung erlebten wir bei der Bank. „So ein großes Haus und so wenig Sicherheiten", schüttelte der Bankdirektor den Kopf. „Natürlich könnt ihr den Antrag einreichen, aber versprechen kann ich euch nichts." Schließlich erhielten wir die schriftliche Antwort: „Kunde nicht kreditwürdig – Antrag abgelehnt!" Den Brief in der Hand haltend, ging ich zur Baustelle und schaute in die Baugrube, wo mittlerweile bereits das Fundament gegossen wurde. Den ganzen Tag über kamen nun schon die Lastwagen von Lana und gossen Beton in die Grube. Doch als wir am Abend wieder gemeinsam in das Bauloch blickten, war kaum etwas zu sehen. In diesem Moment wurde uns zum ersten Mal bewusst, wie groß dieses Haus wirklich werden würde.

„O je, wie sollen wir das jemals bezahlen." Im Grunde wussten wir nicht einmal, wie viel allein die Baufirma kosten würde. Wir hatten den Unternehmer zwar um einen Kostenvoranschlag angefragt, aber keine Angabe zum Preis bekommen. „Bei der Inflation, die wir derzeit haben, ändern sich die Baumaterialien laufend, da rechnen wir nur noch in Stunden ab. Ich schicke euch dann die Liste." Der Geometer müsste doch wissen, wie viel so ein Projekt ungefähr kosten könne. Ich rief ihn an und fragte: „Mit 20 Millionen Lire werden wir wohl genug haben?" Pause. „20 Millionen?" Pause. „20 Millionen sind aber nicht sehr viel." – „Aber damit werden wir wohl auskommen, wenn wir gut haushalten." Pause. „20 Millionen sind wirklich nicht viel für so ein Projekt." – „Dann müssen wir eben langsamer bauen." Er half uns, über das Institut Credito Fondiario in Trient einen Kredit mit einer Laufzeit von 25 Jahren abzuschließen – der Zinssatz betrug 16 Prozent. Noch war uns nicht bewusst, was das eigentlich bedeutete. Wir waren nur froh, endlich die Firmen und Arbeiter bezahlen zu können. Die erste Krise war überwunden.

Überhaupt sah mein Mann unsere Situation stets viel positiver als ich. „Ich verdiene gut, mit dem Betrieb werden wir auch Geld einnehmen und in 25 Jahren sind wir wieder schuldenfrei. Wir könnten ja auch einfach nur den Rohbau fertigstellen, dann sehen wir, wie viel Geld wir noch haben, und entscheiden in Ruhe, wie schnell es weitergehen soll!" Dieses Argument überzeugte mich, denn ein Rohbau mehr oder weniger wäre in den 1970er Jahren wirklich nicht aufgefallen, zumal aufgrund der hohen Inflation viele Hausbauer ihre Projekte vorübergehend einstellen mussten, weil die Preise unaufhaltsam stiegen und stiegen. Rohbauten sah man damals in jedem Dorf. Doch was wussten wir schon vom Bauen. Die Wirklichkeit sah ganz anders aus. „Aufhören? Ihr könnt nicht einfach so aufhören", schüttelte unser Techniker den Kopf. „Die Firmen sind da, und jetzt wird verputzt, dann kommen die Fenster, die Balkone usw. Euer Plan ist Humbug. Ihr müsst weitermachen." Ob es uns gefiel oder nicht, die schlichte Wahrheit war, dass ein Stillstand in dieser Situation keine Entlastung, sondern das sichere Ende unseres Traumes gewesen wäre. Also weiter.

Natürlich ging auch der Bau nicht reibungslos vonstatten, denn nicht alle Handwerker hielten sich an ihre Termine. Die Holzdecke des Speisesaales sollte bereits seit Monaten montiert sein. Bei jeder Rückfrage wurden wir mit den Worten vertröstet: „Nächste Woche kommen wir." Doch diese nächste Woche kam nicht. Schließlich sind Hans und ich zum Betrieb hingefahren. „Wir kommen ja nächste Woche", hieß es wieder. Diesmal ließen wir uns nicht mehr vertrösten. „Nein", sagte Hans entschieden, „jetzt sind wir da, und ich will sehen, wie weit ihr mit der Produktion der Decke seid." Nach langem Hin und Her gab der Handwerker schließlich zu, dass es gar nichts zu sehen gäbe, da er mit der Arbeit überhaupt nicht begonnen hatte. „Gut, dann werdet ihr als Nächstes eben unseren Auftrag abarbeiten, andernfalls gehe ich zum Rechtsanwalt", schimpfte Hans. Dies war zwar maßlos übertrieben, denn mit welchem Geld hätten wir überhaupt einen Rechtsanwalt bezahlen sollen. Doch die Drohung funktionierte, die Holzdecke wurde nun zügig gebaut und montiert. Mittlerweile war auch die große Küche fertig und eingerichtet. Das Geschirr erhielten wir über einen Freund meines Vaters. „Ich liefere euch Qualitätsware aus Deutschland", schwärmte er. Das klang gut, und ich ließ mich mitreißen. Wirklich, die Teller waren makellos und wunderschön. Dass zum Preis auch noch die Zollspesen für die Einfuhr nach Italien anfallen würden, hatte er – nebenbei gesagt – nicht erwähnt.

Ostern 1973 wurde die Pension mit Restaurant eröffnet. So saßen wir nun mit unseren ersten Gästen im großen Speisesaal mit der massiven Holzdecke nicht nur auf den neuen Stühlen mit einem schönen goldrot und hellbraun gestreiften Bezug, sondern auch auf einem Schuldenberg von mittlerweile über 100 Millionen Lire. Der erste Koch hatte abgesagt, noch bevor er seinen Dienst überhaupt begonnen hatte, aber wir hatten Glück und fanden Chefkoch Karl, der für ihn einsprang. Ich arbeitete im Service und in den Zimmern. Zeitlich war dies möglich, denn es konnten nur einige Zimmer im ersten Stock vermietet werden. Die anderen Räume befanden sich immer noch im Rohbauzustand. Erst im Spätherbst, nach Ende der Saison, würde mit dem Innenausbau weitergemacht werden.

Kinder, Kinder – welche Last

Wir selbst wohnten immer noch in der Mietwohnung. Die zwei Mädchen waren vier und zwei Jahre alt. Während der Sommermonate suchte ich nach Schülerinnen, die auf sie aufpassten. Doch das funktionierte nur teilweise, da ich von frühmorgens bis spätabends in der Pension arbeitete und die Schülerinnen nach einer bestimmten Zeit wieder nach Hause gehen mussten. Hans hatte keine Zeit, da er versuchte, so viele Stunden als möglich zu arbeiten, um mehr zu verdienen, und ein richtiges Kindermädchen konnten wir uns nicht leisten. Eines Abends, als ich durch das Dorf nach Hause ging, da hörte ich schon von Weitem ein lautes Schreien und Weinen. Ich erkannte sofort die Stimmen meiner Mädchen. Die Rosi hatte sie zwar noch ins Bett zum Schlafen gebracht, war aber bereits nach Hause gegangen. Ich sah, wie eine Nachbarin die Fenstergardine zur Seite schob, das Fenster öffnete und ihrem Mann, der am Tisch daneben saß, kopfschüttelnd so laut, dass ich es auf jeden Fall hören musste, sagte: „Das ist ja unzumutbar, so eine Rabenmutter aber auch." Ich schämte mich fürchterlich. So durfte es nicht bleiben. Meine Eltern konnten nicht helfen, sie waren zu alt. Über eine Bekannte erfuhr ich von einem Bergbauernhof, wo die Bäuerin den Sommer über Kinder zur Pflege nahm. Ich rief an und durfte die Mädchen gleich bringen. Die Bauern waren sehr arm, kein Brett auf dem Hof schien noch gerade zu stehen. „Lass sie nur bei uns, die beiden. Hier geht es euch gut", lachte die Bäuerin. Ich ließ die Mädchen dort, denn ich musste rasch wieder in die Pension zurück.

Doch das Gefühl, dass dies keine gute Entscheidung gewesen war, ließ mich nicht los: „Weißt du, Hans, es ist wegen der Schürze, die diese Bäuerin getragen hat. Ich kann zwar arm sein, aber ich muss deshalb noch lange nicht so eine dreckige Schürze tragen." Nach zwei Wochen hielt ich es nicht mehr aus und fuhr noch einmal hin. Barfuß und in den gleichen Kleidchen, wie ich sie gebracht hatte, liefen mir die zwei entgegen. Die blonden Haare starr, die Hände schwarz vor Schmutz. Die beiden hatten in den letzten vierzehn Tagen mit Sicherheit keinen Tropfen Wasser auf ihrer Haut gespürt. Ohne zu zögern, nahm ich sie mit und hatte zwar eine Sorge weniger, aber wieder ein Problem mehr zu tragen. Schließlich fand ich eine weitere Familie am Talende, die mir recht schien, und wir brachten die Mädchen dorthin. „Mama, wir dürfen schon wieder mit dir heim, gell, das dürfen wir schon", murmelte weinend die Große, während sie mich fest am Bein hielt. Ich musste bis zum Abend warten und konnte erst gehen, nachdem die beiden eingeschlafen waren. „So ein Theater aber auch", meinte die Bäuerin nur. „Es ist besser, Sie kommen erst wieder, wenn die Saison vorbei ist." – „Ja, das wird wohl besser sein."

Alles anders als gedacht

Bereits seit Jahren organisierte die Stadt Meran im April für die Gäste aus Deutschland die „Sternfahrt". Über den deutschen Automobilclub ADAC wurden bundesweit Autofahrer und -clubs eingeladen, mit ihren Fahrzeugen nach Meran zu kommen. Jeder Sternfahrer erhielt eine schöne Plakette, die sichtbar am Auto angebracht wurde. Wer die weiteste Strecke zurücklegte, erhielt einen Preis. Inzwischen wurde das Burggrafenamt von so vielen Sternfahrern besucht, dass auch die Betriebe in den umliegenden Dörfern am Meraner Werbekuchen mitnaschten.

Die wenigen Zimmer, die wir eingerichtet hatten, waren sogleich alle belegt. Diesen Gästen war es gleich, dass im ersten Stock noch die Ziegelstapel standen und an den Wänden sämtliche Zierleisten fehlten. Ihre drei Seligkeiten waren: günstige und saubere Zimmer, ein schöner großer Parkplatz, große Portionen beim Essen. Schließlich arbeiteten sie das ganz Jahr über in Fabriken, Handwerksbe-trieben oder Banken, um sich endlich ihr Traumauto leisten und ins Blaue fahren zu können. Der Urlaub war schon allein wegen der schwachen Lira sehr günstig. Unsere Halbpension kostete sowieso nur wenig, und das machte das Haus interessant. Verdient habe ich in dieser ersten Saison dennoch, da die deutschen Gäste nicht nur einen ständigen Riesenhunger, sondern auch einen Riesendurst mitbrachten. Schnell wurden Freundschaften geschlossen.

Die Arbeit war körperlich zwar nicht schwer, die Anzahl der Arbeitsstunden ließ mich jedoch an meine Grenzen stoßen. Jeden Morgen stand ich um 7 Uhr auf und berei-tete das Frühstück zu, dann ging es weiter mit Putzen und Bardienst. Ab 12 Uhr wurde der Restaurantbetrieb geöffnet. Nachmittags gab es Eis, Kaffee und Kuchen, dann das Abendessen und schließlich der Nachtdienst. Einen freien Tag gab es keinen, nicht für mich und auch nicht für die Mitarbeiter. Hans stand oft schon um 5 Uhr mor-gens auf, da er, bevor er zur Arbeit ging, noch den Garten pflegte, kehrte und den Parkplatz sauber hielt. Abends kam er immer so spät, dass wir uns über die Sommermonate nur schlafend sahen. Als der September nahte, wusste ich: „Hans, so schaffe ich das nicht. Wenn jetzt auch noch die Mädchen zurückkommen, wie soll es dann weitergehen?"

Als wir am Ende der Saison die Mädchen holten, freute ich mich so sehr. „Die werden heute Augen machen", sagte ich aufgeregt und stellte mir vor, wie mir die zwei lachend entgegenlaufen würden, meine Hand hielten und glücklich waren, mich, ihre Mutter, wieder bei sich zu haben. Doch nichts dergleichen geschah. Stumm saßen sie am Tisch und warteten, bis ich mit der Bäuerin abgerechnet hatte. Dann fuhren wir heim. Nie erzählten sie, wie es ihnen den Sommer über ergangen war.

Von Oktober bis April bauten wir weitere Zimmer aus. Als der Koch und seine Frau anfragten, ob es denn möglich sei, für die nächste Saison den Restaurantbetrieb zu pachten, sagten wir sofort zu. Ich übernahm die Buchungen, das Frühstück, die Reinigung der Zimmer, und am Abend half ich im Service mit. Die Mädchen verbrachten erneut den Sommer bei der Bäuerin am Ende des Tales. Ich hatte jetzt zwar weniger Arbeit, aber mit den Einnahmen und dem Verdienst von Hans schafften wir es gerade so, die Zinsen unseres Kredits zu bezahlen. Wir verdienten zu wenig.

Als ich die Pacht erhalten sollte, rückte der Koch nicht mit dem Geld heraus und jammerte in einem fort, wie schlecht die Saison für ihn doch gelaufen sei. „Nichts, aber auch gar nichts habe ich nach Abzug der ganzen Spesen verdient. Elisabeth, ich kann dir kein Geld geben, es geht einfach nicht." Ich konnte nichts tun. Wir hatten unsere Zusammenarbeit nur per Handschlag besiegelt, ohne je ein Wort zu Papier gebracht zu haben. Wir gaben ihm die Pacht nicht mehr, und er war darüber sogar noch enttäuscht. „Das hätte ich mir von dir nie gedacht, dass du mich jetzt so hängen lässt", maulte er. Das schlechte Gewissen, das er mir einreden wollte, war nur von kurzer Dauer. Denn als wir im Magazin im Keller nachschauten, was von seinem Warenlager noch übrig war, verstanden wir, warum er keinen Profit gemacht hatte. In den Regalen standen Gläser mit eingeweckten Muscheln, Dosen mit eingelegter Zunge, Schildkrötenfleisch und sogar gedörrte Haifischflossen. Er hatte diese Produkte in großen Mengen teuer eingekauft und letztendlich gar nicht verkaufen können, da die Gäste sie nicht essen wollten. Noch Jahre blieben die Gläser und Dosen ungeöffnet im Keller, bis wir bei einer großen Aufräumaktion alles in den Müll warfen.

Vielleicht hätte er mich noch erweichen können, wenn nicht die Sache mit den Tellern gewesen wäre. „Wo sind denn die ganzen Teller geblieben, hier fehlt doch ein Stapel?", fragte ich bei der Übergabe. „Ach die", murmelte seine Frau und meinte beiläufig, „die sind kaputtgegangen". Von der Küchengehilfin erfuhr ich später, dass die Ehefrau in einem Wutanfall den ganzen Stapel Teller genommen und kurzerhand auf den Boden fallen lassen hatte, als sie erfuhr, dass ihr Mann, der Koch, seine Geliebte als Kellnerin eingestellt und in unserem Personalzimmer untergebracht hatte. So konnten sich die beiden in ihrer freien Zimmerpause ungestört vergnügen, während die ahnungslose Ehefrau nur ein Stockwerk tiefer die Gäste bediente. Jetzt war das Maß voll, die sündhaft teuren Porzellanteller einfach kaputt. Mir kamen die Tränen. Also übernahmen wir das Restaurant wieder selbst.

Der Gast, der neue Freund

Die nächsten Jahre waren hart, aber erfolgreich. Das Restaurant hatten wir nach wenigen Jahren aufgegeben, da es mit der Zimmervermietung nicht mehr vereinbar war. Die Gäste wollten ihren fixen Sitzplatz haben und auf keine Laufkundschaft von außen Rücksicht nehmen. Jeden Abend pünktlich um halb sieben wurde gegessen. Nach dem Menü, das aus einer Vor-, Haupt- und Nachspeise bestand, gingen sie auf die Terrasse und saßen beisammen. Es wurde bis spät in die Nacht geschäkert und gelacht, die Kinder sprangen unterdessen noch einmal in den kleinen Pool und spielten im Garten. Gegen 10 Uhr servierte ich als kleine Geste vom Haus noch mehrere Platten fein geschnittenen Speck und Schüttelbrot. So wurde wieder eine neue Runde Getränke bestellt und weitergefeiert.

Wir wohnten nun in der Pension in unserer neuen Wohnung. Die Wände waren mit Tapeten beklebt, die uns Gäste mitgebracht hatten. Große in sich greifende lindgrüne und braune Quadrate zierten nun unser Wohnzimmer. Die Frage, ob uns das gefiel, wurde nicht gestellt, denn es wäre eine Beleidigung gewesen, das Geschenk abzuweisen.

Ich hatte mir in den letzten Jahren eine Stammkundschaft aufgebaut. Meistens buchten die Gäste bereits bei ihrer Abreise wieder den Urlaub für das kommende Jahr. Es war wichtig, dass die Zimmer so oft als möglich alle belegt waren, denn unser Schuldenberg war immer noch hoch, und wir brauchten jede Lira und jede Mark. Die Familien blieben fast immer zwei Wochen in unserem Haus. Im Garten hatten wir mittlerweile ein neues, kleines Schwimmbad und ein kleines Kinderbecken gebaut, viele Liegen und Sonnenschirme standen drum herum. So verbrachten die Gäste den größten Teil ihrer Urlaubstage, ohne sich fortzubewegen. Die Damen sonnten sich auf den Liegen, am Nachmittag tranken sie Kaffee und aßen Kuchen, für die Kinder gab es jede Menge Wassereis, die Männer blieben beim Bier. Jedes Getränk und jedes Eis wurde aufgeschrieben und am Ende zusammen mit dem Pensionspreis abgerechnet. Eine

Ausnahme gab es allerdings, und das war der Freitag. Da ging es bereits am Morgen hektisch zu, denn jeder wollte und musste zum Freitagmarkt nach Meran, um Mitbringsel für sich selbst und für die Lieben zu Hause zu kaufen.

Da konnten die Männer nicht kneifen, der Freitagmarkt in Meran war für die Frau ein Pflichttermin. Gekauft wurden italienische Lederjacken, italienische Ledertaschen, italienische Ledergürtel, italienische Ledergeldtaschen, der Geruch des Leders breitete sich jeden Freitag in unserem Haus aus. Voll bepackt mit Taschen und Schachteln kamen sie zurück, und die Mitbringsel wurden stolz noch am selben Abend präsentiert. „Bei uns zu Hause könnte ich mir diese Jacke gar nicht leisten", zeigte ein Gast stolz seinen neu erworbenen Schatz, „so habe ich gleich zwei mitgenommen, eine in Braun und eine in Schwarz."

Für die Deutschen war der Urlaub in Südtirol grundsätzlich, vor allem aber in unserem Haus, sehr günstig. Zum einen weil wir die Zimmer noch immer billig vermieteten, zum anderen weil die italienische Lira durch die Inflation ständig an Wert verlor und die Deutsche Mark immer stärker wurde. Auch wir Gastwirte passten uns an die Situation an. Die Preise wurden mittlerweile ausschließlich in Deutscher Mark, nicht mehr in Lire ausgeschrieben und von den Gästen bar oder mit Scheck ebenfalls in Deutscher Mark bezahlt. Die Rechnung der Getränke wurde ebenfalls von Lire in Mark entsprechend dem aktuellen Kurs umgerechnet und kassiert. Wir hatten uns einen Safe gekauft, um das Geld deponieren zu können. Stieg der Kurs der Lira, blieb das Geld im Safe, stieg hingegen die Deutsche Mark, brachte ich die Scheine und Schecks sofort zur Bank.

Die Umstände dieser Zeit haben maßgeblich dazu beigetragen, dass wir unsere Schulden schneller bezahlen konnten, auch wenn zu dem ersten Kredit in der Zwischenzeit noch weitere hinzugekommen waren.

Geschlafen wird im Keller

Die Gäste bezeichnete ich inzwischen nicht mehr als Gäste, sondern als liebe Freunde. Dies machte es schwierig, den Zimmerpreis anzuheben. Rückblickend wurde diese Freundschaft von der anderen Seite manchmal bis zum äußersten strapaziert. Ein Ehepaar verlangte sogar, ohne mit der Wimper zu zucken, dass nur für sie die ganze Saison über ein Zimmer frei bleiben sollte, unabhängig davon, ob und wann sie wirklich anreisen würden. „Dann können wir jeden Freitag spontan entscheiden, ob wir übers Wochenende zu euch kommen oder nicht", lachten sie und erzählten den anderen Gästen, für sie hätte die Elisabeth immer ein Doppelbett frei. Ich habe für meine Gäste immer versucht, mein Möglichstes zu tun, doch dieser Wunsch war so unglaublich, dass ich ihn nicht ernst nahm. Als sie eines Tages wirklich unangemeldet anreisten, waren nicht nur ihr Ärger, sondern auch mein Jammer groß.

„Für uns könnt ihr doch auch mal im Keller schlafen und uns euer Zimmer geben", meinten sie leichthin. „Schließlich lässt man seine Freunde nicht vor der Haustür stehen, oder?" Wie von anderen Familien erhielten wir auch von ihnen immer Mitbringsel, die manchmal mehr, manchmal weniger sinnvoll waren. Zum Beispiel einen Wandgrill, den man an die Wand schrauben konnte und dessen Stab sich elektrisch drehte, oder die Eiform, in der das gekochte Ei gedrückt wurde und nach einer bestimmten Ruhezeit eine quadratische Form angenommen hatte. Ich freute mich über jedes Geschenk, das gab mir das Gefühl, teilzuhaben am großen deutschen Wirtschaftswunder. Nie und nimmer konnte ich es also zulassen, gerade diese Freunde fortzuschicken. „Die Idee ist doch gar nicht mal so schlecht", meinte ich zu Hans.

Wir hatten im Keller einen kleinen Partyraum ausgebaut, der kaum benutzt wurde. Daneben befanden sich die Toiletten und eine Dusche für den Koch. Diese konnten wir doch mitbenutzen. Hans war nicht begeistert. „Wir arbeiten Tag und Nacht, du hast keine einzige Minute mehr für mich Zeit. Selbst am Abend, wenn ich geschafft von der Arbeit komme, bekomme ich erst dann etwas zu essen, wenn das letzte Dessert serviert worden ist. Da möchte ich doch wenigstens in meinem eigenen Bett schlafen dürfen, Freunde hin oder her. Warum haben sie sich nicht angemeldet, so wie alle anderen auch", schimpfte er. Ich überzeugte ihn mit dem Argument, dass es ja nur für dieses eine Mal sei. Weit gefehlt. Der Andrang an Anfragen war so groß, dass wir diese und noch drei weitere Saisonen im Keller schliefen. Ich war glücklich, noch ein weiteres Zimmer vermieten zu können, Hans wollte nicht streiten und fügte sich seinem Schicksal. „Aber, dass du es nur weißt, wenn wieder dieses verdammte Telefon läutet, dann stehe ich nicht mehr auf", beendete er die Diskussion.

Im Hausgang befand sich das Münztelefon, und immer wieder läutete es mitten in der Nacht, da es die freie Durchwahl in das Ausland noch gar nicht gab. Wer sich zu Hause

melden wollte, musste am Telefon mehrere Münzen ein-
werfen, bei der Telefonzentrale anrufen und ein Gespräch
nach Deutschland ankündigen. Allein dies war aufgrund
der fehlenden Sprachkenntnisse bereits eine kleine Heraus-
forderung. Dann musste man warten, bis ein Mitarbeiter in
der Zentrale der Telefongesellschaft die Verbindung nach
Deutschland vornahm, wieder zurückrief. In der Hauptsaison, wenn viele Leute zu Hause anriefen, dauerte es oft
einige Stunden, bis der Rückruf kam. Dann lief ich hinauf
zum Telefon, weiter hoch in den ersten oder zweiten Stock,
um die Gäste zu wecken. Erst Ende der 1970er Jahre erhielten wir eine internationale Durchwahl.

Ganz die Chefin

Anfang der 1980er Jahre brauchten die Mädchen nicht
mehr den Sommer über fortgebracht zu werden. Sie waren
mittlerweile alt genug, um im Haus mitzuhelfen. „Und,
Elisabeth, wie sieht es denn aus mit weiteren Kindern?",
wurde ich manchmal gefragt. Allein der Gedanke, das alles
noch einmal durchzumachen, ließ mich erschaudern. Weitere Kinder? Die konnten ruhig andere kriegen, ich hatte
dafür keine Zeit. Zum Glück gab es die Pille. Anfangs hatte
ich große Bedenken, da gemunkelt wurde, durch die Pille
würde man an Gewicht zulegen, und die Haut im Gesicht
würde ganz fleckig. So würde jeder sofort sehen, wenn
eine Frau die Pille nahm. Ich weiß bis heute nicht, ob das
wirklich stimmte, in meinem Fall jedenfalls traf es nicht zu,
und ich sah sie als eine der besten Erfindungen der Zeit an.

Die Jahre hatten mich verändert. Ich war nun nicht mehr die unsichere junge Frau, die jede Geschichte glaubte. Ich war jetzt Frau Elisabeth, die Angestellten wurden nur mit „Sie" angesprochen, und ich wollte ebenfalls, dass man mir Respekt zollte. In meinem Kleiderschrank hingen über dreißig Dirndl, sodass ich einen ganzen Monat lang nie dasselbe Kleid zweimal tragen musste. Bei meinem wöchentlichen Gang zur Bank war meine Haltung aufrecht, und ich sprach ausschließlich mit dem Leiter der Filiale. Meine Mädchen wurden überall eingesetzt, sie arbeiteten viel und zogen sich in der Zimmerstunde stets gleich in ihre Zimmer zurück.

Nach der Saison im November, da war ich immer so müde, dass ich nur noch den Tag herbeisehnte, an dem der letzte Gast das Haus verließ. Ich schlief lange und genoss die Ruhe. Hans und ich fuhren nun selbst in den Urlaub, nach Gran Canaria, Lanzarote oder Ägypten. Danach begannen wir mit der Weihnachtspost. Ende Januar wurde ich jedoch langsam nervös. Diese Stille konnte doch keiner aushalten. Die letzten Wochen, wenn das Haus wieder von oben bis unten geputzt und für die neue Saison vorbereitet wurde, wartete ich nur noch sehnsüchtig darauf, endlich den Betrieb öffnen zu können. Erst hinter der Theke und bei den Gästen blühte ich wieder auf.

Alles geht zu Ende

So verging Jahr um Jahr. Meine Mädchen besuchten die Hotelfachschule Kaiserhof in Meran. Als sie den ersten

Computer ankauften, musste ich mir schweren Herzens eingestehen, dass meine Zeit dem Ende zuging. Ich hatte geradezu Angst, die Tasten der Tastatur zu berühren. Mit diesem neumodischen Ding wollte ich auf keinen Fall etwas zu tun haben. Wir beschlossen, den Betrieb zu übergeben. Als wir beim Hoteliers- und Gastwirteverband den Vertrag unterschrieben, war ich glücklich und stolz, denn wir hatten es wirklich so weit geschafft, dass wir den Betrieb ohne Schulden übergeben konnten.

Meine Töchter machten aus der Zwei-Sterne-Pension ein Vier-Sterne-Hotel mit viel höheren Preisen. Viele der alten Stammgäste buchten nicht mehr bei uns, sondern wohnten in günstigeren Unterkünften im Dorf. „Also wirklich, Elisabeth, das Haus habt ihr doch eigentlich mit unserem Geld gebaut. Bei diesen Preisen können wir unseren Urlaub nicht mehr bei euch verbringen. Dass es so weit kommen musste, ist ungerecht." Die ungezählten Stunden, die ich gearbeitet hatte, blieben unerwähnt. Allerdings muss ich zugeben, dass auch ich die neuen Preise ganz schön übertrieben fand. Meine Töchter wollten von meinen Zweifeln nichts hören. „Mutter, das ist heute so. Wir wollen nicht mehr nur arbeiten, wir wollen auch noch leben. Dazu braucht es mehr Mitarbeiter, und die müssen bezahlt werden", war ihre Antwort. „Wenn du nicht zuschauen kannst, wie heute in der Hotellerie gearbeitet wird, dann musst du eben in deiner Wohnung bleiben." Das war hart, in diesem Haus brauchte mich niemand mehr.

Während Hans sich immer noch um den Außenbereich kümmerte, war mir unendlich langweilig, und ich schmollte vor mich hin. Das Haus, das wir so hart aufgebaut hatten, wurde laufend modernisiert. Als die Handwerker die teure Holzdecke abrissen, in Teile schnitten und achtlos in den Recyclingcontainer warfen, war mir nur noch zum Weinen zumute. Erst als die Enkelkinder kamen, erhielt mein Leben wieder einen Sinn. Ich erinnerte mich noch gut daran, wie ich meine eigenen Kinder weggeben musste, und ich schwor mir, dass dies bei den Enkelkindern nicht so sein würde. So ist es auch geschehen. Die Enkelkinder haben mir geholfen, diese Lebenskrise zu überstehen und Frieden mit meinen Töchtern und ihrer Art der Betriebsführung zu schließen.

Heute, wenn wir im Winter zusammensitzen und über die alte Zeit reden, dann sind sie sich uneins. „Ihr wart wirklich mutig, ohne Geld und ohne Ausbildung so ein Haus zu bauen", meint die eine. „Nein, ihr wart einfach zu unwissend und dumm, um zu verstehen, was überhaupt auf euch zukommen würde", ist die andere überzeugt. Für sie ist es der Mut der Unwissenden, der uns und viele andere meiner Generation am richtigen Ort und zur richtigen Zeit zum Erfolg geführt hat.

Ich aber schaue zurück und sehe ein ganz anderes Bild, nämlich zwei Mädchen, die leichtfüßig auf einem dicken Seil von einem Holzpfosten zum anderen balancieren. Die eine in ihrem roten mit Blumen bestickten Kleid, hält einen bunten kleinen Schirm in ihrer Hand, die andere trägt ein farbenfrohes Dirndl. Und beide tragen ihre Haare kurz.

K. W.

Fast siebzig Jahre im Gastgewerbe

Ida G., Jahrgang 1942, Percha

„Hansl, danke für den Kaffee!" Frau Ida lächelt ihren Stammgast freundlich an. „Solange ich lebe, zahle ich dir gerne einen!", antwortet dieser.

Ein Leben lang im Gastgewerbe, fast siebzig Jahre in der Bar „Engelberger", die schon ihre Eltern und Großeltern geführt hatten. Die Geschichte einer unermüdlichen Wirtin mit Leib und Seele, die heute noch mit über achtzig Jahren täglich in ihrer Bar ihre Gäste bedient.

Im Gasthaus aufgewachsen

Geboren bin ich in der Bischofsstadt Brixen im Eisacktal. Mein Vater war damals als Soldat bei den Standschützen in Gossensaß stationiert, mitten im Zweiten Weltkrieg. Meine Mutter wohnte deshalb in diesen Zeiten in seiner Nähe. So ist sie in Brixen ins Krankenhaus gegangen, um mich zur Welt zu bringen. Aber danach habe ich in meinem Heimatdorf Percha gewohnt, im selben Haus, in dem ich heute noch lebe.

Percha ist ein sehr schönes, sonniges Dorf im Pustertal, in der Nähe von Bruneck, heute mit fast 1700 Einwohnern. Unsere Bar liegt direkt an der Hauptstraße und ist der älteste Gastgewerbebetrieb im Dorf, früher war es das einzige Gasthaus. Bereits seit 1900 ist das Gasthaus im Besitz unserer Familie.

Hier bin ich aufgewachsen, und das bedeutete damals, von klein auf mitzuarbeiten. Sobald wir dazu imstande waren, haben wir mitgeholfen. Das war aber nicht schlimm, sondern ganz normal, alle Kinder halfen in meiner Kindheit zu Hause mit. Wir hatten neben der Bar auch eine Bauerschaft, da habe ich im Feld gearbeitet und die Kühe gehütet, morgens und am Nachmittag. Oft bin ich mit den Kühen in die Aue gefahren, das hat mir gut gefallen. Auch bei der Heuarbeit half ich schon in jungen Jahren mit. Der Geruch von Heu, dazu das Lachen der anderen Kinder, das sind sehr schöne Erinnerungen.

Auch in der Bar bin ich schon bald zum Einsatz gekommen. „Ein Viertele Wein kannst du dem Luis wohl bringen, und bring dem Herrn da vorne ein Bier!" So hat es angefangen, irgendwie war ich einfach da, und dann habe ich eben geholfen, das ging alles ganz von alleine und war selbstverständlich.

Unser Haus stammt aus dem 14. Jahrhundert, es steht heute unter Denkmalschutz. Im Zweiten Weltkrieg wurde es bombardiert, da sind wir kurzzeitig ausgezogen und konnten nicht mehr dort wohnen. Aufgrund der Bahntrasse, die ganz in der Nähe verlief, wurde Percha oft beschossen. Es war damals der am meisten bombardierte Ort des Pustertales. Im März 1945 erfolgte ein Angriff auf die Bahnbrücke, 36 Bomber beschossen uns. Auf dem Platz vor unserem Gasthaus sind Bomben niedergegangen. Ein Radfahrer aus dem Oberpustertal wurde dabei getötet. Auch am Ostersonntag wurde Percha bombardiert, alles wurde verwüstet und kaputt geschlagen. Wir mussten alles wiederaufbauen, wie es eben allen damals ging. Geld hatten die Leute nicht viel, Förderungen gab es auch noch keine. Trotzdem haben es meine Eltern irgendwie geschafft, und so haben sie die Bar wieder eröffnet, sobald es möglich war. Wir ließen uns nie unterkriegen, sondern machten immer weiter, immer geradeaus. An diese Zeit erinnere ich mich fast nicht mehr, ich war noch zu klein.

Aber an meinen ältesten Bruder kann ich mich schon erinnern, wenn auch nur dunkel. Wir waren vier Schwestern und zwei Brüder. Der älteste Bruder ist im Krieg gefallen, er musste 1945 noch einrücken und ist nicht mehr heimgekommen. Ende April, also kurz vor Kriegsende, ist er im Friaul ums Leben gekommen. Die große Trauer in meiner Familie werde ich nie vergessen. So ein junger Mann, und das so kurz vor Kriegsende! Wir haben wenig darüber gesprochen, doch sein Foto sah ich mir oft an. Und die Trauer um ihn war spürbar, auch wenn versucht wurde, darüber schweigend hinwegzukommen.

Wir machten weiter, alles andere hätte keinen Sinn gehabt. Bis 1955 hatten wir nicht nur die Bar, sondern wir vermieteten auch Fremdenzimmer. Die Arbeit war hart, und das Haus war groß: Im Parterre befand sich die Bar, die Gästezimmer lagen im ersten und im zweiten Stock, auch das Dachgeschoss musste sauber gehalten werden. In allen Stockwerken gab es Holzböden, von unten bis zum letzten Stock hinauf. Die mussten wir alle schrubben, mit einem Kübel voller Wasser und Schmierseife. Der schwere Kübel musste von ganz unten bis ins Dachgeschoss geschleppt werden, dann wieder hinunter. Diese harte und anstrengende Arbeit erledigten wir Schwestern, kein Mann hat früher geputzt, das war nicht üblich. Außerdem besaßen wir eine Kornkammer und eine Mühle, auch dort mussten wir mithelfen. So sind wir von klein auf in die Arbeit hineingewachsen. Wir hatten weder einen Ruhetag noch Ferien, das kannten wir gar nicht. Zum Spielen hatten wir Kinder kaum Zeit, aber trotzdem empfand ich die Arbeit nie als Last. Ich kannte es nicht anders, und insgesamt war unsere Kindheit sehr glücklich. Wir waren inzwischen fünf Geschwister, langweilig war es bei uns nie. Ich war die Jüngste der Familie und nie alleine. Wir haben viel zusammen gelacht und hatten uns immer etwas zu erzählen.

Manchmal durften mich meine Freundinnen besuchen, das sind lustige Erinnerungen. Wir sind heimlich in den Getränkekeller gegangen und haben Spuma getrunken und die offene Flasche dann versteckt. Auf die Idee, Alkohol zu trinken, wären wir nie gekommen, das war den Männern vorbehalten.

Fix im Betrieb im Einsatz war ich, seit ich zwölf Jahre alt war. Anfangs half ich vor allem in der Küche mit, ich habe den Salat gewaschen, das Besteck abgespült und abgetrocknet sowie die Tische gedeckt, bald habe ich überall mitgeholfen. Meine Schwestern sind um einige Jahre älter als ich und verließen nach und nach das Haus und gründeten ihre eigene Familie. Mein Vater hatte zweimal geheiratet, seine erste Frau war früh gestorben, da hatte er meine Mutter geheiratet, und so bin ich zur Welt gekommen. Und ich bin geblieben, bis heute.

In den ersten Jahren, als wir noch die Fremdenzimmer vermieteten, war die Arbeit noch um einiges anstrengender als später. Wir hatten kein fließendes Wasser, so mussten wir in alle Zimmer Waschschüsseln mit Krügen hinauftragen, die mussten nach Gebrauch wieder nach unten getragen und gereinigt werden. Wir hatten Unmengen an Wäsche zu waschen, da viele Passanten nur einmal bei uns übernachteten und so die Bettwäsche häufig gewaschen werden musste. Das war eine Arbeit! Die Wäsche wuschen wir in einem Zuber, dann wurde sie zum Trocknen hinter dem Haus aufgehängt.

Zum Frühstück servierten wir den Gästen Brot mit Butter, Marmelade oder Honig, dazu gab es Kaffee und Milch oder Tee. Eier oder gar einen heißen Kakao zum Frühstück gab es bei uns noch nicht. Beim Bedienen trugen wir gewöhnliche Schürzen, einfache, aber nette, die eine Näherin hier im Dorf hergestellt hatte.

Mitte der 1950er Jahre ließen wir die Fremdenzimmer auf. Ohne fließendes Wasser war es einfach nicht mehr möglich, diese Arbeit fortzuführen, und bis heute gibt es in den oberen Räumen noch keinen Wasseranschluss. Trotzdem sind immer wieder Leute zu uns gekommen, oft um 11 Uhr abends oder um Mitternacht, die unbedingt bei uns ein Zimmer mieten wollten. Denen hätte man alles vermieten können, aber das haben wir nie getan, da wir keine Lizenz mehr hatten und nichts Ungesetzliches machen wollten. Es waren so viele Leute unterwegs, die eine Übernachtungsmöglichkeit suchten und zu den Stoßzeiten auch unsere altmodischen Zimmer gemietet hätten.

Wir führten damals nicht nur eine Bar, sondern auch ein Gasthaus. Wir waren das erste und lange Zeit das einzige Gasthaus in Percha, so war es immer gut besucht. Vor allem an Sonntagen und Feiertagen gab es kaum einen freien Platz, da unsere gute Küche weitum bekannt war. Meine Mutter kochte einheimische Hausmannskost. Besonders beliebt waren altbekannte Gerichte wie Gulasch mit Knödeln, Wiener Schnitzel, Naturschnitzel, süße Omeletts oder auch pikante mit Spinat. Im Laufe der Jahre habe ich Tausende von Tellern zu den Gästen getragen.

Das Geschirr kauften wir immer in Bruneck. Unsere Teller waren sehr praktisch, da sie unterteilt waren in Bereiche für das Fleisch und zwei für die Beilagen. Diese bequemen Teller verwenden wir heute noch bei unseren privaten Feiern. Mit den Tellern kann man Kartoffeln, Fleisch und Salat separat anrichten. Seit den 1960er Jahren gab es zudem eine große Erleichterung, als wir uns endlich eine Spülmaschine kauften. Man kann sich heute nicht mehr vorstellen, wie das früher war, als wir alles mit der Hand spülen mussten.

Typische Getränke, die wir tagtäglich anboten, waren in den 1950er und 1960er Jahren vor allem Wein und Bier. Es war ganz normal, dass die Kartenspieler beim Watten im Laufe eines Abends zu sechst einen Doppelliter Wein tranken. Sie haben ihn „ausgekartet", also darum gespielt, die Verlierer mussten bezahlen. Weißwein wurde nur wenig konsumiert, höchstens am Vormittag, abends wurde ausschließlich Rotwein getrunken. Unseren Wein kauften wir immer schon bei der „Ersten Kellerei" in Kaltern, früher noch in Weinfässern, die uns regelmäßig geliefert wurden. Schnaps haben die Alten in Achtellitern getrunken, das war die übliche Menge. Eine italienische Firma hat uns den Schnaps verkauft.

Frauen als Gäste gab es bei uns in der Bar früher nur sehr selten, nur wir Bedienungen waren weiblich. Wenn sich wirklich einmal eine Frau in die Bar traute, dann hieß es: „Ein Weibets im Gasthaus, was will die hier?" Eine Kaffeemaschine hatten wir noch nicht, so gab es noch keine Kaffeekränzchen bei uns. Ein älteres Paar aus Bruneck, das dort ein Geschäft führte, ist am Sonntag oft zu uns gekommen. Sie ließen sich am liebsten im Stübele nieder, das früher mit Holz getäfelt war. Leider wurde diese Stube durch die Umbauten nicht erhalten, die wir einige Male durchgeführt hatten. Das Paar bestellte jeden Sonntag Kaffee, den bereiteten wir früher zu, indem wir über die Kaffeetasse ein Inox-Gerät mit einem kleinen Deckel stellten. Dort gaben wir das Kaffeepulver hinein, drückten es nach unten, gossen heißes Wasser dazu und schlossen den Deckel. Dann ist der Kaffee langsam in die Tasse geronnen. Eine Kaffeemaschine haben wir erst 1960 erworben.

Wasser hat niemand getrunken, dafür ging niemand in ein Gasthaus, deshalb gab es bei uns auch kein Mineralwasser. Es gab aber Siphonflaschen. Das waren blauweiße Zapfflaschen, da musste man draufdrücken, dann kam Sprudelwasser heraus. Mit den Siphonflaschen trieben die Leute oft Blödsinn, damit haben sie sich gegenseitig angespritzt, da diese Flaschen mit Schwung aufgegangen sind. Neulich habe ich in Bruneck in einer Bar eine solche Siphonflasche gesehen, als Dekoration. Ich hätte gerne auch eine, aus Nostalgie, in Erinnerung an meine Jugendzeit in unserer Bar.

Erst später boten wir Mineralwasser an, auch Spuma, die haben wir auch heute noch, sowie Apfelsaft und Aranciata-Fläschchen. In Bozen gab es ein Pulver mit Farbe zu kaufen, damit konnte man die Aranciata mit Kohlensäure selbst herstellen.

Die Schule besuchte ich hier in Percha. Es gab nur fünf Klassen. Ich habe bis zum Alter von 14 Jahren die Schule besucht. Früher war es üblich, die erste, zweite und dritte Klasse je zweimal zu besuchen und auch die vierte. Die fünfte Klasse konnte ich nicht mehr abschließen. Für die meisten Kinder hat das Schuljahr erst zu Allerheiligen begonnen, falls die Eltern ein Gesuch abgegeben hatten, dass sie uns als Hilfe beim Aufheben der Kartoffeln brauchten. Aus Arbeitsgründen konnte ich das letzte Jahr nicht mehr abschließen, eigentlich schade, da ich eine gute Schülerin war. Aber nie im Leben wäre mir in den Sinn gekommen, die Entscheidungen meiner Eltern anzuzweifeln. Außerdem ging es allen anderen gleich, länger zur Schule gingen nur jene begabten Buben, die als spätere Pfarrer auserkoren wurden.

Meine Jugendjahre

Früher gab es deutlich weniger Verkehr als heute bei uns, das war natürlich um einiges angenehmer, da unsere Bar an einer Durchzugsstraße liegt. Trotzdem erhielten wir schon Anfang der 1950er Jahre die erste Verkehrsbeschwerde von Gästen. Ein deutsches Paar hatte bei uns übernachtet, doch als ich den beiden ein Frühstück servieren wollte, verzichteten sie darauf. „Die Straße ist viel zu laut wegen des starken Verkehrs", beschwerten sich die beiden auf äußerst hochnäsige Art. „Deshalb bezahlen wir auch nicht, wir konnten wegen des Lärms gar nicht schlafen!" Und weg waren sie, hatten wirklich keine Lira bezahlt und beim Abschied nicht einmal gegrüßt. Wir konnten das gar nicht verstehen, aber wir nahmen es hin. So laut kam es uns selbst nicht vor, obwohl wir an der Hauptstraße wohnten. Aber mit ihnen streiten wollten wir nicht. Erst in den darauffolgenden Tagen erfuhren wir, dass es sich um Zechpreller gehandelt hatte, die in mehreren Gasthäusern der Gegend dieselbe Masche angewandt hatten. Nachts fuhren damals noch nicht viele Autos durchs Pustertal. Angezeigt haben wir das Betrügerpaar trotzdem nicht, aber später ist uns so etwas nie mehr passiert.

Als ich 16 Jahre alt war, durfte ich einen Winter lang die Hauswirtschaftsschule in Dietenheim bei Bruneck besuchen. Das war genau die richtige Schule für mich, nach den kurzen Grundschuljahren konnte ich hier nun endlich viel lernen! Im Schuljahr 1958/59 war ich dort, ich wohnte im Heim der Schule und fühlte mich von Anfang an wohl. Wir wurden zu den verschiedenen Arbeiten eingeteilt, entweder in der Wäscherei, in der Küche oder im Haushalt. Wir mussten die Betten machen und alles sauber halten. Ich lernte vieles, was ich auch im Gasthaus gebrauchen konnte, wie das schöne Decken eines Tisches. Drei erfahrene Klosterfrauen waren für uns Mädchen zuständig. Diese Ausbildung war ein großes Plus für mich. Als kleines Mädchen hatte ich die Schule nur halbherzig und für kurze Zeit besuchen können, aber hier in Dietenheim hatte ich endlich die Gelegenheit, etwas zu lernen. Auch mit den anderen Mädchen verstand ich mich gut, es war eine sehr schöne Zeit.

Als ich wieder daheim beim „Engelberger" arbeitete, fiel mir vieles leichter, da ich so viel in der Hauswirtschaftsschule gelernt hatte. Ich konnte das meiste bei uns umsetzen, und meine Eltern waren stolz auf mich. Es dauerte nun auch nicht mehr lange, bis wir endlich glückliche Besitzer einer Waschmaschine waren. Was für eine Arbeitserleichterung! Von nun an trug ich beim Bedienen immer eine weiße Schürze, nicht mehr eine gewöhnliche Schürze wie vorher. Darunter trug ich einen Rock, eine Bluse und einen Pullover. Die Schürze reichte bis unter die Knie. Wir mussten sie natürlich häufig wechseln, da sie beim Bedienen oft schmutzig wurde. Aber ich legte großen Wert darauf, weil wir so sauber und adrett gekleidet waren. Die Schürzen kaufte ich immer in Bozen bei einem schönen Konfektionsgeschäft. Auch meine Schwester trug so eine Schürze. Die Schürzen waren wegen der kunstvollen Rüschen schwierig zu bügeln, ich besaß sechs oder sieben. Aber das Waschen ging mit der Maschine natürlich um einiges schneller.

Nach der Haushaltungsschule blieb ich für immer beim „Engelberger", bis heute. Ich arbeitete von früh bis spät, von Sonntag bis Samstag, eigentlich fast ununterbrochen. Aber das hatten wir so gelernt und nie anders gesehen, ich habe das nie hinterfragt. Abends ausgegangen bin ich deshalb kaum, ich arbeitete meistens bis Mitternacht. Ich habe mir nie die Frage gestellt, ob ich überhaupt im Gastgewerbe arbeiten wollte, das war einfach so. Ich zweifelte auch nie daran.

Im Sommer gab es noch mehr zu tun als in den anderen Monaten, weil es nach und nach auch in Percha immer mehr Touristen gab, die neben unseren Stammgästen zu uns ins Gasthaus kamen, um bei uns ein Wiener Schnitzel zu essen oder auch nur ein Bier zu trinken. Auch zu Weihnachten und zu Ostern kamen nun Touristen zu uns ins Dorf. Es gab einige Zimmervermieter in Percha, ihre Gäste aßen dann oft abends bei uns. Mittags weniger, da sie tagsüber auf die Berge oder auf die Almen wanderten. Im Winter war damals noch nicht viel los, außer zu Weihnachten. Die Skitouristen hatten uns noch nicht erreicht.

Als ich selbst ein Teenager war, ließen wir uns überreden, bei uns eine Jukebox aufzustellen, die damals überall in Mode war. Laute Musik dröhnte daraus, wenn man ein paar Münzen hineinwarf. Die Jungen waren begeistert, flotte Töne erschallten aus der Jukebox, und gar einige trauten sich, die modernen Lieder mitzusingen. Aber wir hatten nicht mit der Reaktion unserer Stammgäste gerechnet: Da die Jukebox im Barraum untergebracht war, fühlten sich unsere Kartenspieler durch das Gerät mit der „amerikanischen Musik" gestört. Speziell die Bauern, die nach dem Nachmittagsrosenkranz um 14 Uhr regelmäßig am Sonntag kamen, um einen „Karter" zu machen und etwas zu trinken, waren von Anfang an dagegen. „Entweder wir oder diese neumodische Maschine", sagten sie überzeugend, „wenn du die nicht wegtust, kommen wir nicht mehr." So hat die Jukebox bei uns nicht lange überlebt. Für die Jungen wäre es schon etwas Interessantes gewesen, sie waren enttäuscht, aber damals hatten noch die Alten das Sagen, und eine Jukebox bei uns in der Stube, das konnte einfach nicht sein. Auch mein Vater hat gerne gekartet und war einer Meinung mit den Stammgästen, so war das eben.

Finanzielle Sorgen hatten wir keine, wir verdienten zum Glück immer genug Geld. Nicht viel, aber genug zum Leben. Wir haben aber auch Tag und Nacht gearbeitet. Sehr einfach und unbürokratisch war früher, dass man nur den „Dazio" bezahlen und eine einfache Steuererklärung machen musste. Der „Dazio" war eine Steuer. An jedem Freitag ist ein Angestellter vom Steueramt in Bruneck nach Percha gekommen, den bezahlten wir direkt. Auch die Bauern, die ein Fass Wein oder Schweinefett verkauften, konnten einfach nur den „Dazio" zahlen. Die Buchführung war einfach, und die Steuern waren viel günstiger als heute. Wir bezahlten weder Wasser noch Abwasser, nur den Strom. Alles andere wurde von der Gemeinde bezahlt. Wir hatten selber eine kleine Wasserquelle, die funktioniert heute noch, wir verwenden sie aber nur noch für den Garten. So hatten wir eigenes Wasser, das war praktisch. Im Allgemeinen war alles unkomplizierter, und man hat mehr verdient. Im Dezember, wenn wir Schweine schlachteten, mussten wir auch den „Dazio" zahlen. Das war viel günstiger als heute.

Ich wurde vom kleinen Mädchen hinter der Theke immer mehr zu einer schönen jungen Frau. Die Männer nahmen das natürlich wahr, und ich wurde häufig belästigt. Das hat es auch in meinen Jugendjahren gegeben, es war gang und gäbe, dass ich mir oft anzügliche Kommentare anhören musste. Immerhin ist der Alkohol früher wahrlich in Strömen geflossen, bis Mitternacht tranken die Männer zusammen, und so sparten sie nicht mit Komplimenten. Ich konnte aber immer schon gut damit umgehen, so etwas kann man lernen. Wenn man sich ärgert, schimpft oder gleich „Du, Bursche, hör auf damit!" sagt, wird es nur noch schlimmer. Man muss mit den Männern umgehen können, oft einfach weghören oder sagen: „Pass auf, heute hast du ein bisschen viel gehabt, morgen ist es wieder besser!" Die Männer verstanden bald, dass ich ihre Bemerkungen nicht beachtete, und so ist es dann besser geworden. Auch heute kommt es vor, dass die Jungen frech werden wollen, damit muss man umgehen können. Ich hatte eigentlich nie große Probleme. Ein Tag war wie der andere, und ich kann mich nicht beklagen.

In nüchternem Zustand kamen viele junge Burschen und versuchten, mit mir anzubandeln, und machten mir den Hof und sagten: „Fahr doch mal mit, geh mit mir aus!" Aber schon mit 18 Jahren habe ich meinen späteren Mann kennengelernt. Er wohnte in Olang, wir verstanden uns gleich gut, und ich wusste bald, dass er der Richtige ist. Er war Maurer, und bald wussten alle jungen Männer, dass ich vergeben war, schon aus Respekt vor meinem Zukünftigen hatte ich von nun an mehr Ruhe vor den Männern. Ich mochte ihn sehr und freute mich auf unsere gemeinsame Zukunft. Einige Jahre lang waren wir zusammen, bis wir endlich gemeinsam zum Traualtar schritten.

Das große Unwetter bei unserer Hochzeit

Vielen älteren Menschen bei uns im Dorf wird das große Unwetter von 1966 noch in Erinnerung sein. Ausgerechnet am 4. November 1966, am Tag der großen Überschwemmung, war unser Hochzeitstag. Ich war 24 Jahre jung, und ich hatte mich bereits seit Wochen auf diesen wichtigen Tag in meinem Leben gefreut. Es waren sechs Jahre vergangen, seit mein Mann und ich uns kennengelernt hatten, und nun endlich konnten wir gemeinsam eine Familie gründen. Wir heirateten in der Kirche Maria am Sand in Brixen, denn dort war ein Cousin meines Mannes Pfarrer, der Pfarrer Haspinger. Wir hatten uns gut auf diesen wichtigen Tag vorbereitet. Viele Gäste hatten wir eingeladen, und ich heiratete ganz in Weiß, was damals noch etwas Besonderes war. Viele Bräute trugen nur einen weißen Schleier über dem Feiertagsgewand, andere wieder heirateten in Tracht. Übernachten wollten wir in Olang im Heimathaus meines Mannes.

Doch das Unwetter machte uns einen gehörigen Strich durch die Rechnung. Das Hochzeitsmahl konnten wir noch abhalten. Wir aßen im „Millander Hof" in Brixen. Das Essen schmeckte vorzüglich, aber die Stimmung unter den Gästen wurde von Stunde zu Stunde schlechter, weil das Wetter so furchtbar war. Wir wollten eigentlich noch in ein anderes Lokal gehen, um dort weiterzufeiern. Aber dazu kam es nicht mehr, weil unsere Gäste alle nach Hause wollten. Uns war zu diesem Zeitpunkt die ganze Tragweite des Geschehens noch nicht bewusst. Aber alle hatten Angst, die Bäche waren übergegangen, das Wasser strömte nur so vom Himmel, so ein Unwetter hatten wir noch nie erlebt. So wurde unsere Hochzeitsgesellschaft bald aufgelöst.

Wir konnten wegen des starken Regens gar nicht mehr zurück ins Pustertal fahren. Wir ließen unsere Autos in Mühlbach stehen und fuhren mit dem Zug weiter. Mit dem Auto kam man nicht mehr weiter. Der Regen war so stark, eine ganze Woche hat es dann ständig geregnet. Es war furchtbar: Häuser wurden einfach weggeschwemmt, Kulturgrund wurde zerstört, der Bach trat an mehreren Stellen über die Ufer. Fast wäre ganz Unterwielenbach überschwemmt worden. Das kleine Dorf stand in kürzester Zeit unter Wasser. Viele Menschen verließen ihre Häuser und suchten im Schulhaus Schutz und verbrachten die Nacht dort. Durch den starken Regen hat es den Wielenbach hinten rausgeschwänzt, von Oberwielenbach runter bis nach Percha. Ein junger Mann ist dabei gestorben. Es war eine sehr schlimme Zeit.

Bei uns im Hauptort Percha war es etwas besser. Übernachtet haben wir schließlich bei mir daheim in Percha, weil es näher war als Olang. So kam es, dass wir ganz in Percha geblieben sind, obwohl wir eigentlich vorgehabt hatten, beim Heimathaus meines Mannes zu wohnen. Für mich und meine Arbeit war es praktischer hierzubleiben, weil ich oft bis abends arbeiten musste. Und meine Mutter sagte: „Bleib doch da!" So bin ich bis heute in Percha geblieben.

Die Autos, die wir in Mühlbach stehen gelassen hatten, konnten wir erst eine Woche später wieder abholen. Der Start in meine Ehe war also nicht ideal. Trotzdem führten mein Mann und ich dann vierzig Jahre lang eine gute Ehe, bis zu seinem Tod 2006.

Als junge Mutter und Gastwirtin

Vier Kinder bekamen wir in den folgenden Jahren. Wir waren eine sehr glückliche Familie. Die Vereinbarkeit von

Familie und Beruf, von der heute alle sprechen, war für mich nicht einfach. Der Betrieb musste weitergeführt werden, aber unsere Kinder halfen ebenso wie ich früher fleißig mit.

Ein schwerer Schicksalsschlag für meine Familie war, dass eine meiner Töchter bereits in ihren ersten Lebensjahren verunglückt ist. Sie war unter ein Auto gekommen. Solche Erlebnisse kann man als Mutter niemals vergessen. Ich möchte hier auch nicht darüber sprechen. Aber ich hatte auch in so einer Situation keine Alternative: Trotz des großen Schmerzes weitermachen, arbeiten, stundenlang, immer weiter, anders ging es nicht.

1968 haben wir endlich einen Ruhetag eingeführt. Wir sprachen mit dem Bürgermeister, und er hatte schließlich eingewilligt. An vielen anderen Orten war ein Ruhetag bereits seit Jahren üblich, so konnten auch wir uns diese Verschnaufpause gönnen. Wir wählten den Dienstag, bis heute ist das unser Ruhetag.

In dieser Zeit fingen wir an, im Sommer gemeinsam Urlaub zu machen. Im Juni hatten wir 14 Tage geschlossen, in dieser Zeit fuhren wir mit den Kindern ans Meer, nach Lignano. Das war für unsere Kinder ein willkommener Ausgleich. Es gab noch nicht so viele Familien, die regelmäßig Urlaub machten. Wenn die Kinder schon das ganze Jahr mithelfen mussten, so hatten sie zumindest dieses Privileg, mit uns zusammen einen Meeresurlaub zu genießen.

Im Jahr 1964 wurde in Percha eine Gruppe des Hoteliers- und Gastwirteverbandes HGV gegründet. 1966 wurde ich Mitglied. Das war sehr hilfreich, es gab Unterstützung bei Buchhaltungs- und Steuerfragen, man war viel besser vernetzt als vorher. Vor einigen Jahren habe ich meine 50-jährige Mitgliedschaft groß gefeiert, das war eine schöne Feier.

Die Arbeit wurde mit meiner jungen Familie immer mehr. Deshalb stellten wir eine Freundin von mir als Aushilfe an. Sie hat ab und zu in der Küche oder in der Bar ausgeholfen, wo es sie gerade gebraucht hat. Wir sind heute noch gut befreundet. Da sie auch in Percha wohnt, konnte sie oft kurzfristig einspringen. Wenn wir die Erstkommunionfeiern oder Firmungen unserer Kinder feierten, hat sie uns unterstützt. Solche Feiern waren noch nicht allgemein üblich, aber ich wollte meinen Kindern, die immer so fleißig halfen, eine Freude bereiten.

Neben den Kindern zu arbeiten, war gewiss nicht einfach, oft erledigten sie ihre Hausaufgaben in der Bar. Aber sie kannten es nicht anders. Und es ist eigentlich insgesamt gut gegangen. Außerdem war ich von früh bis spätabends daheim, die Kinder waren also nie alleine. Man kann alles positiv oder negativ sehen. Eine meiner Schwestern arbeitete in der Küche, sie war viel älter als ich. Auch meine große Tochter hat früher in der Küche gearbeitet. Mein Mann hat nie im Gasthaus geholfen, er war Maurer und hatte selbst mehr als genug zu tun. Außerdem waren meine Eltern auch noch da.

Die Kirche befindet sich bei uns ganz in der Nähe. Früher besuchte ich die heilige Messe immer am Samstagabend, weil ich am Sonntagmorgen keine Zeit hatte. Nicht in die Kirche zu gehen, wäre damals undenkbar gewesen. Falls ich doch einmal an einem Sonntag die Messe besuchte, bin ich während des Segensspruchs des Pfarrers, also kurz vor Abschluss der Messe, blitzschnell in die Bar gelaufen. Am Sonntag nach der Messe ist der Moment in unserer Bar, in dem am meisten los ist. Wir bereiten immer viel vor, zum Beispiel öffnen wir die Siebenzehntel-Weinflaschen schon vorher. Es muss dann alles schnell gehen, alle wollen zugleich etwas bekommen, es ist jedes Mal sehr aufwendig, weil es auch ungeduldige Zeitgenossen gibt, die fürchten, zu kurz zu kommen. Aber bis heute haben noch alle erhalten, was sie bestellt hatten.

Die Chefin war mittlerweile ich, mein Vater half oft mit, aber mit zunehmendem Alter war das nicht mehr möglich. Aber mein Bruder, der ab und zu etwas ausgeholfen hat, war Bauer im Hof nebenan, und so war für den Notfall immer jemand in der Nähe. Wobei so ein Notfall nie eingetroffen ist, ich hatte die Männer in der Bar gut unter Kontrolle. Auch die Polizei musste ich nie rufen. Allerdings drohte ich meinen männlichen Stammgästen, wenn sie angeheitert waren und sich nicht korrekt benahmen, manchmal an, dass ich Hilfe holen würde: Ich bin zur Telefonzelle draußen im Gang gegangen und habe gesagt, dass ich die Polizei rufe, wenn sie nicht aufhören. Diese Vorgangsweise hatte jedes Mal Erfolg, und es kehrte Ruhe ein in meiner Bar.

Gegangen, ohne zu bezahlen, sind vor allem Auswärtige, die wir nicht kannten. Die Einheimischen machten das fast nie. Die Leute hatten eigentlich immer genug Geld für ein Bier oder ein Glas Wein, wir waren auch nicht übertrieben teuer. Wenn jemand wirklich einmal einen finanziellen Engpass hatte, ist er eben eine Zeit lang nicht mehr gekommen, aber das waren nur wenige. Und irgendwann waren sie wieder da. Unsere Gäste waren durchwegs freundlich, vor allem die Stammgäste. Wir waren fast so etwas wie eine große Familie.

Nicht besonders angenehm war, dass manchmal Betrunkene am stillen Örtchen überhaupt nicht mehr wussten, wie sie sich zu benehmen hatten. Das anschließende Reinigen war eklig und unfein, aber es nützte nichts, auch das musste erledigt werden. Manchmal sind seltsame Sachen passiert. So war einmal alles verstopft, weil ein angetrunkener Gast seine Hosen ins Klo geworfen hatte. Alles ist übergegangen, es war eine furchtbare Sauerei! Wir mussten einen Hydrauliker holen, der die Situation gerettet hat. Einige Male sind solche Sachen vorgekommen, da musste man eben durch.

Aber zum Glück überwogen die schönen Momente, sonst wäre ich wohl kaum noch hier! Die Gemeinde hat öfters ihre Feierlichkeiten bei uns abgehalten. Wenn ein neuer Bürgermeister seinen Einstand feierte oder wenn lang gediente Mitarbeiter in Pension gingen, wurde bei uns gegessen und getrunken, das waren sehr schöne und würdige Feiern. Der Altbürgermeister hat oft zu mir gesagt, diese Zeit möchte er nicht missen, wie wir alle hier zusammengekommen sind. Ganz früher, als einziges Gasthaus in Percha, hat sich alles hier bei uns beim „Engelberger" abgespielt. Zu Fasching hatten wir oft verkleidete Gäste, sie haben fröhlich gesungen, das waren schöne Zeiten.

Die Fischer hielten immer ihre Jahresversammlung bei uns ab, bis heute. Wir reservieren ihnen eine kalte Platte, die ist allseits beliebt. Und der Theaterverein kommt jedes Jahr, ebenso wie der Chor, diese kleinen Feierlichkeiten sind sehr nett.

Veränderungen

2005 ließen wir unser Restaurant auf, ab nun arbeiteten wir nur mehr als Barbetrieb. Es gab so viele Auflagen, die von Jahr zu Jahr mehr wurden. So hatten wir keine Freude mehr an der Arbeit im Restaurant. Aber belegte Brote und kalte Platten bieten wir weiterhin an, ebenso wie Toasts. Auch Eis gibt es bei uns. Kuchen ist bei uns keiner mehr erhältlich, nur gelegentlich biete ich meinen Stammgästen oder den Kartenspielern einen Gugelhupf oder Buchteln an, die ich selber backe.

2005 wurde in Italien das allgemeine Rauchverbot eingeführt, das war höchste Zeit! 2006 wurden auch in Südtirol die staatlichen Bestimmungen zum Schutz der Nichtraucher gültig. Bis dahin hatten viele Gäste auch beim Essen geraucht, das war äußerst unangenehm. Wir hatten zwar einen Ventilator, aber das nützte alles nichts, gegen die Rauchfahnen kamen wir nicht an. Viele Gäste sind gleich wieder gegangen, sobald sie den Rauch gerochen hatten.

Man kann sich kaum vorstellen, wie viel Rauch ich in meinem Leben eingeatmet habe. Eine Nachbarin von mir pendelt und stellt so Krankheiten fest. Sie hat gesagt, wenn sie nicht wüsste, dass ich nicht rauche, würde sie meinen, ich sei Kettenraucherin.

Die Lire-Euro-Umstellung war auch nicht einfach. Zum Glück hatten wir von der Bank Rollen mit dem neuen Geld erhalten, da waren Cent- und Euromünzen drinnen und ein Zettel für die Umrechnung, so hat die Umstellung dann einigermaßen funktioniert. Ich habe diese Rollen verwendet, und wir haben alles ganz genau auf 98 Cent umgerechnet. Aber die Leute dachten trotzdem, es sei jetzt alles zu teuer, weil sie sich erst an die neue Währung gewöhnen mussten.

Schlimmer war einige Jahre vorher die Umstellung auf die Registrierkasse. Früher hatte man nur so kassiert, das war viel feiner. Wir mussten wie alle anderen Gastwirte lernen, mit diesen technischen Neuerungen umzugehen. Wir schafften es, aber es war ein großer Zeitaufwand. Früher war alles viel unkomplizierter.

Die größte Veränderung im Laufe der Zeit ist aber nach wie vor die Bürokratie, die einfach nicht aufhören will. Auch das Bezahlen mit der Bankomatkarte war für uns eine große Umstellung. Aber inzwischen bin ich damit gut vertraut. Viele Gäste zahlen sogar den Kaffee und andere kleine Beträge damit, da sie es so gewohnt sind.

Eine andere große Veränderung besteht darin, dass nun deutlich mehr Touristen zu uns kommen, auch im Winter. 2010 wurde endlich auch in Percha ein Bahnhof errichtet, und zwar ein besonders schöner, so ist die Erreichbarkeit unseres Dorfes viel besser. Dadurch gab es einen großen Aufschwung, die Gastgewerbebetriebe des Pustertals profitieren enorm davon, nicht nur wir, sondern auch die Zimmervermieter und die Hotels, das spüren wir alle.

Der Kardinal aus Köln und andere Gäste

Vor zwölf Jahren war ganz Percha in Aufruhr: Der Kardinal einer großen deutschen Stadt war bei uns im Dorf zu

Besuch! Am Stephanstag, kurz nach Weihnachten, ist er mit einem großen Camper plötzlich hier aufgetaucht. Es war mitten im Winter, alles war verschneit, als er sich mit seinem Chauffeur hier niederließ. Er besuchte die heilige Messe in Percha. Er trug sein Kardinalskäppchen und ein Gewand mit violetten Knöpfen, und alle fragten sich, wer das wohl sei. Das Geheimnis wurde bald gelüftet, denn nach der Messe begab er sich in die Sakristei zum Pfarrer und stellte sich als Kardinal von Köln vor. In Windeseile sprach es sich herum, dass ein so hoher kirchlicher Würdenträger bei uns im Dorf war.

Daraufhin wurde eine große Feier bei uns in der Bar organisiert. Der Pfarrer, die Pfarrgemeinderatspräsidentin und viele Größen der Gemeindestube machten uns ihre Aufwartung. Sie feierten bei uns, und ich habe ihnen ein Essen gekocht. Mit seinem Kardinalskäppchen und den violetten Knöpfen sah der Kardinal sehr würdevoll aus. Er spendete allen, die es wünschten, den Segen, und war überaus freundlich. Auch seinen Chauffeur hatte er mitgenommen. Sogar der Bürgermeister eines Nachbardorfes ist gekommen, es herrschte eine sehr gute Stimmung, alle unterhielten sich prächtig. Der Kardinal erzählte aus seinem Leben, von seiner Pfarrgemeinde und seinen wichtigen Aufgaben. Wir hörten ihm wie gebannt zu. Das Essen habe ich spendiert, es befinden sich ja nicht jeden Tag solche hohen geistlichen Würdenträger unter uns. Wir machten schöne Erinnerungsfotos mit dem hohen Gast. Das ganze Dorf sprach noch lange von dem denkwürdigen Tag.

Die Stimmung änderte sich, als im Sommer darauf einige Gäste aus Köln bei uns wie jedes Jahr ihren Urlaub machten. Voller Stolz zeigte ich ihnen das Foto ihres Kardinals, doch die beiden waren überrascht. Sie wüssten nicht, wer das sei, aber jedenfalls nicht ihr ehrenwerter Kardinal, so die Gäste. Auch andere Personen aus Köln, die im Laufe des Jahres in Percha weilten, fragten wir danach, doch die Antwort war einstimmig: Der Kardinal aus Köln war das nicht!

Schnell sprach es sich herum, dass wir alle einem Betrüger auf den Leim gegangen waren. Er hatte sich mit seinem „Chauffeur" einen netten Tag bei uns gegönnt, und wir alle hatten ihm geglaubt! Bezahlt hatte er natürlich nichts, das Essen hatte ich spendiert, und die Getränke hatten unsere Dorfhonoratioren bezahlt. Viele lachten über uns, aber der Mann war so glaubwürdig aufgetreten, dass wir ihm alle seine Rolle abgenommen hatten. Der Kardinal aus Köln wird jedenfalls in die Geschichte von Percha eingehen.

Als bei Percha eine große Baustelle eingerichtet wurde, waren ein Jahr lang Arbeiter aus Süditalien bei uns im Dorf untergebracht. Das war eine Zeit, in der es oft Probleme gab. Die Arbeiter waren in einem Haus untergebracht. Auch einige Männer aus Percha arbeiteten mit ihnen zusammen, das funktionierte sehr gut. Nie hatten sie mit den Einwohnern des Dorfes Streit, auch mir gegenüber benahmen sie sich höflich. Aber zwischen ihnen gab es leider ständig Schlägereien, sie haben oft gerauft. Das war nicht einfach, da dabei manchmal auch Einrichtungsgegenstände in der Bar kaputtgingen. Die Männer waren während der Raufereien wütend und kaum ansprechbar, aber am nächsten Tag kamen sie zu mir, bezahlten den Schaden und entschuldigten sich reumütig. Wenn sie auch Reue zeigten, war ich doch froh, als sie nach ungefähr einem Jahr ihre Zelte wieder abbrachen und in den Süden zurückkehrten.

Um einiges schlimmer war es mit einer Gruppe von ausländischen Gästen aus Südosteuropa. Irgendwie hatte es sich herumgesprochen, dass wir eine gemütliche Bar hatten. Jedenfalls trafen sich zwei Jahre lang viele dieser Männer, die hier oder auch in Bruneck arbeiteten, regelmäßig bei uns, um Karten zu spielen und sich zu unterhalten. Uns gegenüber waren sie sehr freundlich, sicher keine unguten Leute, und es gab nie Streitereien mit den Einwohnern unseres Dorfes. Aber auch hier galt, dass sie untereinander häufig stritten, und das artete dann leider oft aus. Das hat die anderen Gäste gestört und vergrault, weil sie Angst bekamen. Einmal haben sie während ihrer hitzigen Diskussionen viele unserer Gläser und sogar einige unserer schönen Lampenschirme zerstört. Da habe ich gesagt: „Wenn das noch einmal passiert, dürft ihr nicht mehr kommen, das kann nicht sein!" – „No, Signora, das machen wir nie mehr!", beteuerten sie reumütig. Dann war alles eine Zeit lang in Ordnung.

Aber dann sind sie an einem Silvesterabend, ich glaube, im Jahr 2005, gekommen und fragten, wie lange wir geöffnet hätten. Ich antwortete, bis 18 Uhr. Ich hatte schon eine Ahnung, dass es wieder zu einem Streit kommen würde. Genauso war es auch: Wieder rauften sie untereinander, aber diesmal mit einer Brutalität, die mich erschrak. Sie haben die Tür geöffnet, sind rausgegangen, dann haben sie draußen einen großen Besen, mit dem wir immer den Schnee zusammenkehrten, abgebrochen und mit diesem Stecken wild herumgeschlagen. Wildwest in Percha, das war mir einfach zu viel! Da ist ein Handy auf dem Boden gelegen, das nahm ich an mich, weil ich dachte, falls sie nicht zahlen, behalte ich es als Pfand. Die Gläser sind zerbrochen, der Besen war kaputt, Wein war auf dem Boden verschüttet. Einige hatten sich verletzt, es war ein hässlicher Abschied vom alten Jahr.

Gleich danach ist einer der Männer zu mir gekommen. Er hat sich entschuldigt und gesagt, sie würden alles zahlen, es tue ihnen leid. Ich habe aber gesagt: „Jetzt ist Schluss!" Sie bezahlten auch alles, und am nächsten Tag, am Neujahrstag, sind sie zu dritt zu mir gekommen und sagten: „Auguri, Signora!" Aber es war zu spät. Ich habe ihnen alles Gute für das neue Jahr gewünscht, gleichzeitig aber erklärte ich ihnen, dass sie in meiner Bar nicht mehr willkommen seien. So war dann endlich Schluss mit diesen Raufereien.

Solange ich es noch packe

Seit einigen Jahren führt unsere Tochter die Bar „Engelberger". Um 9 Uhr öffnen wir, sie bleibt bis 14.30 Uhr. Dann übernehme ich. Abends führt sie wieder die Bar, gegen 18 Uhr kommt sie, da habe ich dann meinen freien Abend. Dreimal in der Woche ist sie am Abend da, am Montag, am Donnerstag und am Samstag, und an den anderen Abenden übernehme ich die Bar, aber ich schließe bereits gegen 20 Uhr. Wenn meine Tochter da ist, ist die Bar bis ungefähr 11 Uhr abends geöffnet, meistens kommen dann die Kartenspieler. Ich arbeite noch ungefähr sechs Stunden am Tag, aber das tue ich gerne.

Es ist immer etwas los bei uns, langweilig wird es nie: Oft kommen die Vereine zu uns, wenn sie etwas zu feiern haben, die Musikkapelle, der Chor. Als ich im letzten Jahr meinen 80. Geburtstag feierte, ist der ganze Chor gekommen, um mir zu gratulieren. Als ich noch ganz jung war, war ich eine kurze Zeit lang auch Chormitglied, aber das hat wegen meiner vielen Arbeitsstunden nicht lange funktioniert. Die Jäger, die Sportvereine, alle kommen zu uns, wir verbringen so viele nette Abende zusammen. Auch der Fußballverein kehrt gerne bei uns ein. Ich bin ein treuer Fan, oft sind wir weit gefahren, um dem FC Percha zuzujubeln. Bei der Feuerwehr bin ich Patin. Unsere Dorfgemeinschaft mit den Vereinen ist mir sehr wichtig.

Kürzlich mussten wir schließen, da ich nach Weihnachten an der Hüfte operiert wurde. Jetzt haben wir deshalb einen zusätzlichen halben Ruhetag eingeführt, am Mittwoch öffnen wir erst zu Mittag. Unsere Stammgäste zeigten großes Verständnis, sie sagten, ich solle auf mich schauen und mich richtig erholen. Immer wieder haben sie im Krankenhaus angerufen, um zu erfahren, wie es mir geht. Für unsere Gäste war es schlimm, dass ihre Stammbar geschlossen hatte, gerade in der Weihnachtszeit. Mir hat es selber leidgetan, aber es ging eben nicht anders.

Es gibt mehrere besondere Gäste, überaus nette, die ich mag. Einige der Kartenspieler sind mir sehr ans Herz gewachsen. Einige meiner Lieblingsgäste sind leider schon gestorben. Ein treuer Gast ist vor einem Jahr plötzlich an Corona gestorben, das war ein Schock für uns alle. Wir hatten einige Wochen davor noch zusammen seinen Geburtstag gefeiert. Wir waren eine Freundesgruppe von neun Personen, die hier bei uns Geburtstag gefeiert hat. Wir stellten immer Bretter zwischen die Kaffeetische, so haben wir eine lange Tafel hergestellt, auf der wir das Essen einnehmen konnten. Doch diese Freundesgruppe musste nun leider aufgelöst werden, da einige gestorben sind. Das ist schade.

Ich liebe meinen Beruf, ich komme mit den Leuten gut zurecht und mag sie einfach, jeden Einzelnen von ihnen. Natürlich gibt es auch ungute Gäste, aber man muss die Menschen nehmen, so wie sie sind. Wenn sie sich höflich benehmen, ist bei uns die Tür für alle offen, das war immer schon so.

Wir haben viele einheimische Stammgäste, der „Engelberger" ist das Dorfgasthaus, schon seit Generationen, und wird es hoffentlich noch lange bleiben. Im Sommer kommen auch viele Touristen zu uns, auch Gäste, die im Dorf bei Zimmervermietern und im Hotel wohnen, kehren gerne bei uns ein. Viele kennen wir seit Jahren.

Nicht ideal ist, dass der Verkehr inzwischen in so hohem Ausmaß zugenommen hat. Draußen auf der Terrasse spürt man den Verkehr stark, es ist schlimm geworden. Wir selber merken das gar nicht mehr, ebenso wie viele Leute vom Dorf, aber die auswärtigen Gäste, die draußen sitzen, bemängeln das. Früher war das viel angenehmer. Aber der Verkehr hat in den letzten Jahren zu stark zugenommen. Das ist sicher nicht gesund.

Viele Bars schließen, weil der bürokratische Aufwand zu groß ist, das ist eine Belastung für viele Betriebe, es geht alles nur mehr online, und die Buchhaltung ist so kompliziert geworden, ohne Steuerberater geht überhaupt nichts mehr. Ich bin sehr froh, dass meine Tochter die Bar jetzt führt, von der Bürokratie her käme ich nicht mehr zurecht. Sie hat es von der Pike auf gelernt.

Aber die schönen Seiten überwiegen. Es gibt vor allem in den Städten Lokale, in denen nicht lange diskutiert wird, der Kaffee wird serviert, die Gäste zahlen und gehen wieder. Die Bedienungen haben wenig Kontakt zu ihren Gästen, es ist alles so unpersönlich wie in Bruneck im Stadtzentrum, da geht es in einigen Bars fast anonym zu. Das würde mir nicht gefallen. Bei uns redet man einige Worte, setzt sich zu den Gästen, redet über das Dorfgeschehen und über die Menschen, wer ist das gewesen und so weiter und unterhält sich ein bisschen wie in einer Familie.

Ich bin 80 Jahre alt, habe ein Leben lang im Gastgewerbe gearbeitet, fast siebzig Jahre, wenn ich alles zusammenzähle. Solange ich es packe, mache ich weiter, in Pension zu gehen, ist für mich keine Option. Im Kopf bin ich noch gut, auch mit dem Zusammenrechnen, zwei Kaffee und ein Glasl, das geht schnell. Die Jungen rechnen alles mit dem Rechner zusammen oder mit dem Handy. Das muss man im Kopf haben! Wenn nur wenig bestellt wird, merke ich mir das beim Aufnehmen, nur wenn ein Tisch voll besetzt ist, verwende ich einen Block.

Es wird überall so stark nach Mitarbeitern gesucht. Ich kann die Arbeit im Gastgewerbe jedem nur empfehlen: Ich bin nie alleine, sondern immer unter Menschen. Wenn jemand eine Freude hat und die Menschen mag, ist ein Beruf im Gastgewerbe ein schöner Beruf.

Ich habe es nie bereut, Wirtin geworden zu sein.

S. M. E.

122

Grüß Gott in Südtirol

Linde M., Jahrgang 1943, Algund

Linde ist eine, die nichts dem Zufall überlässt. Ihre Geschichte hat sie bereits vor unserem Gespräch zu Papier gebracht, sieben Seiten gefüllt mit Daten, Fakten, Erinnerungen und Anekdoten, fehlerlos – natürlich. Die Haare frisch frisiert, in Trachtenrock und Trachtenjacke, so sitzt sie an meinem Küchentisch und zieht aus ihrer großen Tasche ihre Aufzeichnung, Fotoalben und Bilder, die wichtigen Stationen ihres Lebens hervor. Ein verschmitztes Lächeln huscht über ihr Gesicht, dann tauchen wir beide ein in ihr Leben.

Als die Welt noch uns Kindern gehörte

Ich wurde im Mai 1943 in Algund geboren. Mit meiner Mutti Luise und meinem Vati Josef wohnte ich am Ende des Dorfes in einem größeren Haus mit mehreren Familien. Als später noch meine Schwester Gitti dazukam, war unser Quartett komplett. Weitere Geschwister sollte es nicht geben. Das störte uns Mädchen nicht, denn in unserem Haus wohnten weitere sechs Kinder. So waren wir zu acht. Ich hatte das Glück, in einer Zeit aufzuwachsen, als Kinder noch freier waren. Wir konnten den ganzen Tag lang im Garten und in den Obstwiesen, dort standen weit weniger Bäume als heute, herumtollen. Es fuhren kaum Autos, keine

Mutter, die jeden Schritt kontrollierte, kein Nachbar, der seine Grenzen verteidigte. In meiner Erinnerung gehörte uns Kindern damals die ganze Welt. Einen Kindergarten gab es zu dieser Zeit noch keinen, und wir haben ihn auch nicht vermisst. Meine Kindheit war eine glückliche und unbeschwerte Zeit.

Zur Schule ging ich, wie es sich damals für die Algunder Mädchen gehörte, in die Klosterschule nach Maria Steinach. Das Kloster befand sich genau am anderen Ende des Dorfes, und anfangs kam mir der Weg dorthin unendlich weit vor, immerhin mussten wir ja zweimal am Tag hin- und herlaufen. Doch schon nach kurzer Zeit gewöhnten wir uns an die Strecke und auch an die Klosterfrauen als Lehrerinnen. Diese waren sehr streng, und wir mussten mehr oder weniger leidvoll einsehen, dass es mit der Freiheit nun vorbei war. Umso mehr mochten wir den Religions- und den Italienischlehrer, immerhin waren sie die Einzigen, die nie an unseren Zöpfen zogen. Die Erstkommunion feierte ich in einem weißen Kleid und Schleier in der Alten Kirche von Algund. Wie gern hätte ich die Haare für diese Feier kurz getragen, doch die Mutter zopfte mir wie üblich einen Kranz und band eine kleine weiße Masche in mein Haar. Nur eine einzige kleine Masche, das war eine Katastrophe. Ich weinte den ganzen Weg von zu Hause bis hin zur Kirche. Als ich immer noch nicht aufhörte, sagte sie: „Ja was hast du denn? Der liebe Gott sieht dich doch jeden Tag so. Wenn du jetzt mit einer anderen Frisur in die Kirche kommst, da kennt er dich doch nicht mehr." Das beruhigte mich ein wenig. Wenige Jahre später, als meine Schwester Gitti ihre Erstkommunion feierte, da war der Haarkranz kein

Thema mehr. Ganz selbstverständlich trug sie die Haare kurz. Während der Messe, als Gitti mit ihren Schulfreunden und Schulfreundinnen am Altar stand, da schaute ich auf das Kreuz und betete: „Lieber Gott, ich glaube ganz fest an dich, aber das verstehe ich nun wirklich nicht."

Ab der dritten Klasse kamen wir in die neu gebaute öffentliche Schule. Die Zeit der Strenge war vorbei, die Lehrer ausnahmslos alle freundlich, so freundlich, dass wir Mädchen uns sogleich in einen verliebten und nur noch Augen für ihn hatten.

In Algund gab es zu dieser Zeit noch keine Mittelschule, diese war in Meran. Täglich und bei jedem Wetter fuhren wir also mit unserem Radl nach Meran in die Mittelschule neben der Landesfürstlichen Burg. Wahrscheinlich sind wir eine recht fleißige Klasse gewesen, denn am letzten Schultag erhielt jede und jeder von uns das Brockhaus-Lexikon. So endete 1958 meine Pflichtschulzeit, und es galt, darüber nachzudenken, welchen Beruf ich erlernen sollte.

„Zimmer mit fließend Wasser"

Linde blättert in ihrem Fotoalbum, betrachtet die kleinen, weiß umrandeten Schwarz-Weiß-Fotografien. Bei einem Bild sieht sie auf: „Hier, das war unsere Pension." Sie zeigt auf ein zweistöckiges Haus mit Balkon und Satteldach. Davor stehen aufrecht und sichtbar stolz ein Mann mit einem Hut, daneben eine Frau im Kleid – ihre Eltern. „Das war unser neues Haus, das der Vater in den 1950er Jahren gebaut hat." Der Bau der kleinen Pension konnte nur deshalb durchgeführt werden, weil der Vater eine Wiese erbte und auch die Mutter von ihrer Familie ausbezahlt worden war. „Hier, im ersten Stock befanden sich unsere zwei Gästezimmer mit Waschbecken. So konnten wir sie als ‚Zimmer mit fließend Wasser' bewerben", erzählt sie und lacht, „das war zu dieser Zeit ganz neu und sehr fortschrittlich." Die Toilette und das Bad befanden sich im Flur. Noch dachten sie gar nicht daran, dass das Haus im Laufe der Zeit immer größer werden sollte.

1954 verbrachten die ersten Gäste ihren Urlaub in unserem Haus. Zu dieser Zeit kannten wir das Wort Massentourismus noch gar nicht. Diese Gäste zählten in jedem Fall zur besseren Gesellschaft, denn so kurz nach dem Krieg konnten sich nur wenige einen längeren Aufenthalt im Ausland leisten, und im Normalfall blieben sie mindestens zwei Wochen. Das Leben von Gitti und mir änderte sich während der Sommermonate völlig, wir mussten uns an die neue Situation erst gewöhnen, denn die Gäste suchten und wünschten den persönlichen Kontakt mit uns. Am Abend saß man ganz selbstverständlich zusammen und plauderte miteinander, spielte gemeinsam Karten. Schon nach wenigen Jahren hatten wir so viele Anfragen, dass sowohl meine Eltern als auch wir Mädchen unsere Zimmer räumten und gemeinsam auf dem Dachboden schliefen.

„Es war eine herrliche Zeit. Besonders an die Callas erinnere ich mich noch heute", erinnert sich Linde. Mein Vati war sehr musikalisch. Er besaß ein kleines Radio und hörte mit Mutti gern Opernmusik. Ob wir wollten oder nicht, wir mussten mithören. So lernte ich die Welt der Oper kennen und lieben. Gitti jedoch konnte sich für diese

128

Art von Musik weniger begeistern. Aber da musste sie durch. Während wir Mädchen täglich das Frühstück zubereiteten und die Gäste bedienten, war Mutti für das Kochen zuständig und Vati sorgte für eine gute Unterhaltung. So ging es weiter bis Ende Oktober. Dann zogen wir mit Sack und Pack wieder nach unten, im Haus kehrte Ruhe ein.

Die ersten Lehrjahre in Meran

Ein Bild mit einem Teenager an einer Nähmaschine taucht auf. „Das bin ich, als ich noch in die Lehre ging. Meine Eltern haben mir extra einen kleinen Raum eingerichtet, wo meine Nähmaschine und all meine Nähutensilien bleiben konnten. Weil Gitti und ich uns so ähnlich sahen, haben wir uns oft gleich angezogen. Für den Ball habe ich uns sogar die gleichen Ballkleider genäht."

1958 begann ich meine Schneiderlehre in Meran. Bis 1960 war ich Lehrling, dann arbeitete ich zwei weitere Jahre als Gesellin für noble Kundschaft. Die Kleider mussten damals direkt bei den Herrschaften abgeliefert werden. Für mich bedeutete das, dass ich öfters vollgepackt mit schönen, aber schweren Roben zu Fuß vom Stadtzentrum bis nach Obermais und auch weitere Entfernungen laufen sowie die Ware zustellen musste. 1962, mit 19 Jahren, erhielt ich die Möglichkeit, an einem Zuschneide-Lehrgang in der Internationalen Modeschule in München teilzunehmen. Sechs Wochen lang München erleben, wie freute ich mich auf diese Stadt. Doch dann war vieles ganz anders, als ich es mir vorgestellt hatte. Die Schulung fand im Winter statt, sechs Wochen lang war die Stadt in dichten Nebel gehüllt. Noch nie hatte ich für eine so lange Zeit keine Sonne gesehen. Es war so trostlos und etwas, an das ich mich bis zum letzten Tag in der bayerischen Hauptstadt nicht gewöhnen konnte. Abgesehen vom Wetter tauchte ich hier in eine völlig neue Welt ein. Meine Mitschüler kamen aus verschiedenen Ländern, es wurden mehrere Sprachen gesprochen, und ich – die wohl jüngste und schüchternste Teilnehmerin der gesamten Gruppe – kam aus dem Staunen gar nicht mehr heraus. Unsere Aufgabe war es, Kleider zu zeichnen und zu schneiden. Die Kleider samt Vorlagen durften wir anschließend mit nach Hause nehmen.

Wenn in der Schneiderei nicht viel zu tun war, half ich in den Sommermonaten zu Hause in unserem kleinen Gastbetrieb mit. Wir hatten mittlerweile viele Stammgäste, diese waren nicht nur Gäste, sondern mittlerweile lieb gewonnene Freunde des Hauses. Gitti und ich sprachen manche sogar mit Tante und Onkel an. Und so kam es, dass ich von einem Ehepaar, das mittlerweile mit meinen Eltern eng befreundet war, gefragt wurde, ob ich nicht Lust hätte, von November 1963 bis März 1964 in ihrem Restaurant in Linz in Oberösterreich im Service etwas dazuzulernen.

Natürlich wollte ich das, denn von der einsamen Arbeit hinter der Nähmaschine hatte ich mich in Gedanken bereits verabschiedet. Die Schneiderei war kein Vergleich zu der Arbeit im Haus meiner Eltern. Da waren Menschen, es wurde gelacht und geschäkert, und die Arbeit ging mir leicht von der Hand. „Was gibt es Schöneres, als in einem so sonnigen Land wie dem unseren für Menschen zu arbeiten, die in Urlaub sind."

„Grüß Gott, Herr Chef!"

Das Restaurant im Zentrum von Linz war wohl das größte Lokal, das ich mit meinen 20 Jahren je gesehen hatte. Das Lokal war elegant eingerichtet und ein geschätztes Haus für Geschäftsessen. Viele Geschäftsleute waren Stammkunden und kehrten fast täglich ein, sodass ich bald die Vorlieben vieler meiner Gäste kannte. Sie lobten meine Arbeit und erfreuten sich auch über mein Südtiroler Deutsch. Das weibliche Servicepersonal musste neben einer weißen Bluse und einem schwarzen Rock ein gehäkeltes weißes Kränzchen im Haar, eine weiße Schürze und hohe Schuhe – Gesundheitsschuhe – tragen. Diese waren vorne und hinten offen und nicht sehr hübsch anzuschauen und gefielen mir überhaupt nicht. So fragte ich Tante Lisi und Onkel Herbert: „Muss ich die Schuhe wirklich tragen, zu Hause bediene ich die Gäste doch auch den ganzen Sommer in einfachen Sandalen." – „Nein, Linde", meinten sie nur, „hier musst du das haben!"

Einmal durfte ich mit Tante Lisi zum Friseur und bekam eine moderne Dauerwelle. Ich fand mich so hübsch mit meiner neuen Frisur und fand, dass das Kränzchen nun schon gar nicht dazupasste. Wieder fragte ich: „Kann ich heute vielleicht ohne Kränzchen arbeiten?" – „Aber wo denkst du hin, Linde. Auf keinen Fall!", war ihre Antwort, und ich musste einsehen, dass in diesem Haus keine Ausnahmen geduldet wurden. Auch wollten die beiden nicht, dass ihre Mitarbeiter wussten, wie gut wir uns eigentlich kannten. Tante Lisi musste ich, wie alle anderen Mitarbeiter auch, stets mit „Gnä' Frau" ansprechen und Onkel Herbert mit „Grüß Gott, Herr Chef!". Ebenso durfte ich nicht in ihrem privaten Haus übernachten. Ich schlief im Betrieb und teilte das Zimmer mit meiner Saalchefin. Glücklicherweise war sie eine sehr sympathische Person.

1966 durfte ich den Winter über wieder nach Linz. Diesmal konnte ich erste Erfahrungen in der Küche sammeln. Rund 30 Mitarbeiter arbeiteten hier. Die Arbeit begann bereits sehr früh am Morgen. Neben der üblichen Speisekarte mussten wir des Öfteren bis weit nach Mitternacht große Büffets und Fischplatten vorbereiten. An eine Speise erinnere ich mich noch gut, diese durfte auf der Mittagskarte nie fehlen, die Salzburger Nockerln. Geleitet wurde das Team von einem ungarischen Küchenchef. Manchmal, in der Mittagspause, schickte er mich in die Bar: „Linde, geh, hol mir ein Viertel Rotwein." Das war das Zeichen, dass er sich nun für mich Zeit nehmen wollte. Da setzte er sich hin und erklärte mir, wie die Organisation in einer Küche aufgebaut war, worauf man achtgeben musste und wie was am besten funktionierte. So hatte ich das große Glück, nicht nur die österreichisch-ungarische Küche kennen- und kochen zu lernen, sondern auch das ganze Drumherum. Im März, April, wenn zu Hause wieder die Saison startete, hieß es Abschied nehmen, rein in den Zug und ab nach Hause.

Das Gelernte konnte ich gut gebrauchen, denn wir hatten unsere Pension mittlerweile um einen Restaurantbetrieb erweitert. Dies bot sich an, denn nach Algund kamen bereits viele Touristen. Unsere Gäste buchten Halbpension mit Übernachtung, Frühstück und Abendessen, aber auch andere Leute konnten zum Mittag- und Abendessen kommen.

Als die Saison vorbei war, machte ich von November bis März ein weiteres Praktikum im Palasthotel in Meran. Diese Saison war sehr interessant für mich, denn ich lernte nun die italienische Küche kennen. Im Hotel arbeiteten zwei Chefköche und ihre Mitarbeiter. Ein junger Koch kam sogar aus Sizilien und war begeistert von der großen Küche und vom schönen Hotel. Zwar war der Hotelbetrieb im Winter geschlossen, aber es wurde für die Schüler der Hotelfachschule, die im Schlössl nebenan untergebracht war, gekocht. Erst später wurde der heutige Kaiserhof Meran für die Schule umgebaut.

1968 wurde unser Betrieb noch einmal um einen großen Saal vergrößert, um genug Platz für Busgruppen und Hochzeitsgesellschaften zu haben. Ein Jahr später kamen weitere Zimmer hinzu.

Linde macht eine kurze Pause und trinkt einen Schluck Wasser. „1969, das Jahr meiner Hochzeit", lacht sie. „So schnell vergeht die Zeit. Bald haben wir die 55 Jahre komplett. Das Schönste jedoch ist, dass wir uns beide immer noch gut verstehen und mit unseren 80 Jahren recht fit sind." Sie schaut das Hochzeitsbild gedankenversunken an, reist noch einmal zurück in die Zeit, als sie noch 26 Jahre jung, über beide Ohren verliebt und verlobt war.

Die Hochzeitsglocken läuten

1969 war das Jahr meiner Hochzeit. Mein Verehrer besuchte mich immer wieder in unserem Restaurant und lud mich auf ein Getränk ein. So kamen wir uns näher. Auch er arbeitete im elterlichen Gastbetrieb, und unsere Eltern kannten sich bereits. Sie hatten nichts gegen eine Hochzeit, was natürlich hieß, dass ich von nun an nicht mehr bei meinem, sondern in seinem Betrieb mitarbeiten würde. Unsere Hochzeit fand in der Alten Algunder Pfarrkirche statt. Da wir eine große Gesellschaft waren und die meisten der geladenen Gäste ebenfalls Gastwirte waren, fiel die Wahl des Gasthauses auf den Oberwirt in Marling, denn dies war das einzige Lokal, das über den nötigen großen Speisesaal verfügte. Mit der Kutsche ging es also mit mehreren Absperrungen nach Marling zum Oberwirt. Hier erwartete uns eine große Überraschung. Vor dem Hotel befand sich ein riesiges Plakat, auf dem originalgetreu eine Almhütte aus Hafling oberhalb von Meran gemalt war. Daneben standen die zwölf Untugenden, um uns für die ehelichen Pflichten vorzubereiten. Wir feierten mit unseren Gästen an diesem wunderschönen Tag, und während wir den Oberwirt mit unseren Eltern schon früher verließen, feierten die Geladenen noch weiter bis spät in die Nacht.

Unsere Hochzeitsreise führte uns in den Süden bis Neapel und wieder retour. Den ersten Stopp legten wir bei Mestre ein, da mein Mann dort Kochen gelernt hatte, danach ging es über Prato weiter in den Süden nach Neapel. Hier sollten wir unbedingt in einem Hotel mitten in Neapel einkehren. Dieses wurde von Direktor Schmidt, einem sehr netten Herrn, den wir als Urlaubsgast aus Meran kannten, geführt. Doch wir wurden eines Besseren belehrt und erkannten bald, dass zwischen schön und schön je nach dem Auge des Betrachters ein großer Unterschied sein kann. Jedenfalls suchte mein Mann Herrn Schmidt, fand ihn tatsächlich, und wir erhielten sogar ein Zimmer zur Straßenseite hin. An Schlafen war in dieser Nacht gar nicht zu denken, denn bis in die frühen Morgenstunden zogen Menschen durch die Straße und machten so einen Radau, dass wir kein Auge zutun konnten. Hier wollten wir auf keinen Fall länger bleiben, und so beschlossen wir, gleich am nächsten Tag weiterzufahren, und traten bald wieder unsere Heimreise an.

Ein neuer Lebensabschnitt beginnt

Ich arbeitete von nun an im Haus meines Mannes und meiner Schwiegereltern. Auch hier gab es genug zu tun. So wie in meinem Elternhaus wurde die Küche von einer Frau, meiner Schwiegermutter, die eine leidenschaftliche Köchin war, geführt. Der Betrieb arbeitete bereits seit Kriegsende mit Reisegruppen zusammen. In der Anfangszeit des Tourismus reisten die Leute nicht mit dem Auto, sondern mit dem Bus nach Südtirol. Um auf das Haus aufmerksam zu machen, hatte mein Schwiegervater bereits auf dem Reschenpass eine Werbetafel angebracht. Die Idee brachte den gewünschten Erfolg. Als die Busse unser Haus sahen, blieben sie stehen. Nun hieß es fix zu sein. Aber meine Schwiegermutter hatte alles im Griff, denn sie war eine Meisterin darin, innerhalb kürzester Zeit für 30 bis 40 Personen ein Menü vorzubereiten. Von Vorteil war in diesem Fall, dass sich gleich nebenan die Filiale einer kleinen Metzgerei befand. Diese war nur am Freitag und Samstag offen, aber die Schwiegermutter konnte zu jeder Zeit hingehen und Waren einkaufen. So stellte sie gleich eine Fleischsuppe auf, und es dauerte nicht lange, bis die Gäste ein gutes Essen bekamen. Ich arbeitete im Service und konnte alles, was ich in den vergangenen Jahren in meinem Elternhaus und in Österreich gelernt hatte, einbringen.

Eine weitere Attraktivität des Hauses war, dass der Schwiegervater in den Zimmern schon bald Waschbecken einbauen ließ. So hatte er die Möglichkeit, seine Zimmer „mit fließend Wasser" anzubieten. Bad und Toilette befanden sich damals natürlich noch, so wie auch bei mir zu Hause, im Flur. War die Schwiegermutter mit Leib und Seele Köchin, so galt das für den Schwiegervater für den Umgang mit seinen Gästen. Für ein kleines Schwätzchen und ein „Karterle" hatte er immer Zeit.

Ich arbeitete wie üblich im Service. Unsere erste gemeinsame Saison verlief sehr gut. 1971 kam unser erstes Kind, ein Junge, zur Welt. Kurze Zeit darauf folgte mein zweiter Bub. Mit den beiden kam neues Leben ins Haus. Natürlich konnte ich meine Arbeit nicht vernachlässigen und musste ein Kindermädchen einstellen, doch ich hatte wirklich großes Glück mit einer jungen Frau, die den Beruf des Kindermädchens gelernt hatte. Sie verließ uns einige Jahre später und zog ins Ultental, um in einer Apotheke zu arbeiten. Nach dem Kindergarten und der Volksschule schickten wir die Buben nach Dorf Tirol in die Mittelschule der Klosterschule Johanneum. Dies war der große Wunsch meiner Schwiegermutter. Nachdem einer ihrer Söhne mit sieben Jahren an seinem ersten Schultag in der Nähe des Betriebes von einem Auto überfahren worden war, wollte sie auf keinen Fall, dass die Buben allein über die Straße gehen sollten. Sie war an jenem Unglückstag in Meran gewesen und hörte zufällig von einem Taxifahrer, dass ein Kind bei einem Autounfall gestorben sei. Entsetzt fuhr sie sofort nach Hause und erfuhr dort, dass es ihr eigener kleiner Bub war. Von diesem Schrecken hat sie sich nie wieder richtig erholt. So entschieden wir uns für die Klosterschule in Dorf Tirol. Mein älterer Sohn besuchte später die Hotelfachschule, der jüngere wurde Handwerker.

Nachdem sich das Haus direkt an der Straße befand, wurde es im Laufe der Jahre immer schwieriger, die Zimmer zu vermieten, da es durch den starken Verkehr einfach zu laut war. 1976 bauten wir einen neuen Gastbetrieb in einer besseren Lage. Dieses Unternehmen haben mein Mann und ich weitere zwanzig Jahre gemeinsam weitergeführt.

Kehrtwende

Der Vater war früh an Diabetes erkrankt und musste viele Jahre nach einer strengen Diät leben. Immer wieder fuhr er zu Untersuchungen in die Universitätsklinik nach Innsbruck. Muttis Aufgabe war es nun, das Essen genau abzuwiegen, damit es keine Komplikationen gab. Als ehemalige Wirtin und Köchin war das für sie kein Problem. Irgendwann schaffte es meine Mutter nicht mehr, den Betrieb in Algund weiterzuführen.

So haben meine Schwester und ich das Haus bekommen. Wir fanden eine sehr nette Pächterfamilie, die den Betrieb zehn Jahre lang weiterführte. Für meine Eltern wurde neben der ehemaligen Pension ein Fertighaus gebaut.

Sie fühlten sich sehr wohl in ihrem neuen Heim. Schließlich wurde das alte Haus abgerissen und an derselben Stelle ein Mehrfamilienhaus gebaut. Während sich mein Vater nicht mehr für diese Veränderungen interessierte, ging meine Mutter jeden Tag auf die Baustelle und beobachtete, was die Maurer und anderen Handwerker machten.

Meine Schwester blieb kinderlos, und nachdem auch ihr Mann bereits verstorben war, war sie zu den Eltern nach Algund zurückgekehrt. Sie übernahm die größeren Arbeiten, hielt Garten, Hof und Haus sauber. In ihrer Freizeit bastelte sie Clowns, Hexen und andere Puppen. In unserem Hotel stand ein alter schwarzer Kinderwagen aus der Jahrhundertwende. Diesen hatten uns Gäste geschenkt. Er stand nun in der Eingangshalle und wurde gefüllt mit den Handarbeiten meiner Schwester. Er wurde immer wieder von Gästen leer gekauft. Nach der Schließung unseres Hauses kam der alte Kinderwagen in das Frauenmuseum nach Meran, wo er heute noch steht. Leider ist sie schon vor vielen Jahren an Lungenkrebs gestorben, wohl weil sie ihr Leben lang starke Raucherin war. Sogar in der Pflegeklinik traf ich sie noch im Winter rauchend auf der Terrasse an. Ich ärgerte mich, dass ihr die Pflegeleitung dies nicht untersagte, aber sie konnte letztendlich machen, was sie wollte. Beim Rauchen machte sie keinen Kompromiss.

Wir sind bei der letzten Seite des Fotoalbums angelangt. Langsam schließt Linde das Buch und steckt es in ihre Tasche. „Ich habe den Tourismus immer geliebt, liebe ihn noch heute. Ich sah meine Arbeit im Tourismus immer als großes Glück. Die Gäste waren im Urlaub und somit meist gut gelaunt. Auch wenn sie vielleicht einmal nicht zufrieden sind, dann ist das nicht so tragisch, denn du weißt, dass sie nach einer kurzen Zeit wieder heimfahren. Die meisten Gäste aber sind zufrieden und nehmen einen Rucksack voll guter Erinnerungen mit. Meine Kleidung war immer sauber, und auch die Arbeit selbst ist körperlich nicht schwer." Sie holt tief Luft: „Aber, ob wir es wollen oder nicht, das Leben steht nie still und verändert sich laufend."

Neue Herausforderungen

Als meine Schwiegermutter stürzte, musste entschieden werden, wie es weitergehen sollte. Mittlerweile war sie bereits über 80 Jahre alt, und es war unübersehbar, dass sie von nun an den ganzen Tag über betreut werden musste. Ich mochte die Omi sehr, daher kehrte ich dem Tourismus mit einem weinenden und einem lachenden Auge den Rücken. Das Leben änderte sich nun von Grund auf für mich. Ich erlebte die Arbeit mit den Gästen wie einen sonnigen Sommertag. Schwierige Kunden zogen, gleich einem Hitzegewitter, nach kurzer Zeit wieder weiter. In der Altenpflege aber da kann es mitunter auch stürmen und schneien. Da packt niemand seinen Koffer und du siehst ihn nicht mehr wieder.

So bin ich auf eine neue Art und Weise mit meiner Schwiegermutter zusammengewachsen. Als es ihr wieder besser ging, konnten wir zusammen auch wieder etwas werkeln und Gesundes kochen. Doch die Zeit machte auch bei ihr nicht halt, sodass ich die Pflege allein nicht mehr schaffte. Über den Hauspflegedienst in Naturns kamen nun fleißige junge Pflegerinnen, die mir mit Omi, mittlerweile 92 Jahre alt, halfen. Ich war in dieser Zeit unendlich froh über diese helfenden Hände. Sie kamen sogar spontan vorbei, als mein Vater in Martinsbrunn ins Koma fiel, und betreuten drei Stunden lang meine Schwiegermutter.

Die helfenden Engel hatten es nicht immer leicht mit Omi, denn sie konnte es nicht leiden, weiße Haare zu haben. „Fräulein Ursula, das tun Sie mir färben, das geht so nicht", meinte sie entschieden. Nach einigem Hin und Her hatte Fräulein Ursula die Haare zwar gefärbt, das Resultat war jedoch weniger gut gelungen. Als die Schwägerin aus Meran zu Besuch kam, da traute sie ihren Augen nicht. Omis Haare waren weiß, braun und schwarz. „Nie mehr färbt ihr die Haare von meiner Mutter", schimpfte sie. So entschieden wir, Omis Haare einfach zu lassen, wie sie waren – in diesem Moment war das eben dreifarbig. Am 3. Jänner 2003 wurde sie vom lieben Herrgott geholt. Sie war friedlich eingeschlafen. Als ich es merkte, habe ich sie fest umarmt, ihre Wärme gespürt und ein letztes Mal Danke gesagt. In diesem Moment läutete es an der Tür. Es war eine Mitarbeiterin des Hauspflegedienstes, die ihren Dienst antreten wollte. Als sie die Tote sah, sagte sie: „So, jetzt werden wir die Mutti schön machen, sie waschen, das schönste Kleid anziehen, die schönste Bettwäsche einbetten." Als wir fertig waren, meinte sie: „So ist es richtig."

Nach der Beerdigung rief mich die Mitarbeiterin des Hauspflegedienstes an: „Linde, möchtest du nicht zu uns in die Selbsthilfegruppe pflegender Angehöriger kommen?" Ich hatte bis zu diesem Zeitpunkt noch nie von dieser Selbsthilfegruppe gehört und wusste nicht, was denn dort überhaupt gemacht würde. „Wir sind eine Gruppe von Menschen, die zu Hause einen Pflegefall haben, und treffen uns einmal im Monat. Hier kann jeder erzählen, mit welchen Problemen er zu kämpfen hat, und wenn möglich bekommt er von uns eine Hilfe." Ich war jedoch nicht sicher, ob genau dies das Richtige für mich wäre. Einige Zeit später las ich auf der letzten Seite des Gemeindeblattes über die Gruppe und sah, dass auch die Hebamme meiner Kinder mit dabei war. Kurzerhand rief ich sie an. „Ja Linde, wer hätte das gedacht. Natürlich würden wir uns freuen, dich in unserer Gruppe zu haben. Komm beim nächsten Treffen einfach vorbei, dann siehst du, was wir tun."

Ich bin hingegangen und geblieben. Die Hebamme lernte uns alles rund um das Sterben und den Tod. Aber weder als Schneiderin noch als Gastwirtin hatte ich mit dem Sterben zu tun. Ich wusste so vieles nicht und musste etliche Dinge lernen. Doch auch darüber und gerade jetzt, wo ich selbst nicht mehr zu den Jüngsten zähle, bin ich dankbar, diese Erfahrungen erlebt zu haben.

Linde ist auf der letzten Seite ihrer Aufzeichnungen angelangt und schüttelt den Kopf: „Auch das ist bereits wieder 20 Jahre her. Die Zeit vergeht so schnell. Mir ist nie langweilig und es gibt immer etwas zu tun. Heute helfe ich innerhalb und außerhalb meiner Familie mit, wo ich gefragt werde, sozusagen als „tutto fare familiare".

Sie lacht und zieht noch einmal das Fotoalbum aus ihrer Tasche. „Und weil es so schön war, sehen wir es uns jetzt noch einmal an!"

K. W.

Vom sonnigen Süden in die Berge

Marinella V., Jahrgang 1968, Jesolo

Ich bin in der Nähe von Jesolo im Binnenland aufgewachsen und erlebte auf dem kleinen Gut meiner Eltern mit meinem älteren Bruder und meiner jüngeren Schwester eine glückliche Kindheit. Mein Papa verdiente seinen Lebensunterhalt als Maurer, die Mama war Hausfrau. Sie kümmerte sich um unsere Familie, das Essen, das Haus und nicht zu vergessen, den Garten. Nach der Arbeit versorgte der Vater in unserem kleinen Stall die Tiere und schaute nach seinen Weinreben, aus denen er im Herbst seinen Eigenbauwein kelterte. Sobald wir Kinder alt genug waren, halfen wir selbstverständlich mit, und ich bin sehr froh, dass wir bis heute als Familie immer noch eng verbunden sind.

Der Wurf ins kalte Wasser

Mit 13 Jahren schloss ich die dritte Klasse der Mittelschule ab. Wir überlegten gemeinsam, wie es mit meinem Leben weitergehen sollte. Ich war nicht sicher, ob ich in die Oberschule eintreten oder lieber arbeiten und mein eigenes Geld verdienen sollte.

Der Zufall wollte es, dass eine Cousine meiner Mutter vorbeikam und erzählte, dass sie ihren Dienst als Kellnerin in einem kleinen Restaurant aus gesundheitlichen Gründen nicht antreten könnte und einen Ersatz suchte. Sie fragte meine Mutter, ob ich vielleicht Lust hätte, für sie auszuhelfen. „Warum nicht?", meinte diese nur. So fuhr ich mit meiner Mutter in das rund 100 Kilometer weit entfernte Lokal. Dass dieses „Aushelfen" gleich mehrere Monate dauern würde, haben mir die beiden Frauen natürlich nicht gesagt. Erst als wir uns verabschiedeten, wurde mir bewusst, dass ich zum ersten Mal für längere Zeit von zu Hause fort war. Die Tränen liefen über mein Gesicht, und ich begriff langsam, dass nun ein neuer Lebensabschnitt beginnen würde.

So kam ich zum Gastgewerbe, von dem ich bis an jenem Tag keine Vorstellung gehabt hatte. Es war wortwörtlich der Sprung in das kalte Wasser. Das Haus hatte drei Zimmer, die ich jeden Morgen putzen musste, danach war auf die kleinen Kinder der Chefitäten zu schauen, und am Mittag ging meine eigentliche Arbeit im Service los. Das Restaurant lag in einer Industriezone und hatte rund 100 Sitzplätze, die täglich von Arbeitern und Geschäftsleuten besetzt wurden. Bekannt und sehr beliebt war das Haus für seine Fischgerichte.

Im Service gab es noch eine Bedienung, die mich neben ihrer Arbeit einlernte. Ich war von Anfang an fasziniert von dieser Frau. So viele Gäste zu bedienen, die Einteilung, die sie hatte, und dann noch auf mich zu schauen, ich konnte ja noch nichts. Diese Frau war einfach unglaublich und liebte ihren Beruf. Darüber hinaus war sie immer gut gelaunt. Ruhepausen kannten wir nicht. Am Nachmittag haben wir stundenlang das Besteck poliert, und am Abend musste ich in der Küche beim Abspülen mithelfen und die Küche putzen.

Nach fünf Monaten kehrte ich wieder nach Hause zurück und wusste, ich würde nicht mehr weiter zur Schule gehen, nein, ich würde im Tourismus bleiben und den Beruf der Kellnerin lernen. Daher musste ich nicht lange überlegen, als mein Vater zu Hause fragte: „Was machen wir jetzt mit dir?" Ich antwortete ihm nur: „Ach Papa, mach dir darüber keine Sorgen, ich finde schon etwas." Dann stieg ich auf mein Fahrrad und fuhr in das Dorf. Spontan hielt ich an einer Pizzeria an. Ich wusste, dass die Pizza hier gut war, und überlegte: „Hier wäre es sicher schön zu arbeiten. Ich könnte ja nachfragen, ob sie vielleicht eine Kellnerin bräuchten." Kurzerhand ging ich in das Lokal und traf auf die Wirtin Maria. „Ich suche eine Arbeit als Kellnerin, habt ihr vielleicht eine Stelle frei?", fragte ich sie. Die Frau war überrascht, doch dann lächelte sie und meinte: „Na ja, wenn du hier arbeiten willst, dann kannst du gleich anfangen." So bediente ich ein Jahr lang in dieser Pizzeria und fuhr jeden Tag mit meinem Fahrrad wieder heim zum Schlafen.

Jeder Tag ein Kampf um die Gesundheit

Mit fast 18 wurde ich auf eine harte Probe gestellt. Als ich eine schwere Wasserkiste hochheben wollte, fuhr ein stechender Schmerz durch meinen Rücken. Man brachte mich in das Krankenhaus. Dort wurde ein schwerer Bandscheibenvorfall diagnostiziert. Ich hätte nie für möglich gehalten, dass es so etwas überhaupt gibt, der Schmerz war unerträglich, ich spürte meine Beine nicht mehr. Sogar nach verschiedensten Therapien war es mir unmöglich, eigenständig zu stehen, von Gehen oder gar Laufen war überhaupt keine Rede. Insgesamt über sechs Monate lag ich im Krankenhaus, und ich erinnere mich noch heute, wie der Arzt mit einem dicken Buch an meinem Bett saß und mir erklärte, was mit und in meinem Körper nicht mehr funktionierte. „Es könnte auch sein, dass du im Rollstuhl bleiben musst", erklärte der Arzt. Das war eine harte Diagnose für mich.

Schließlich gelang es mir, mit einem steifen Korsett einige kleine Schritte zu laufen. Es war schrecklich, den 18. Geburtstag im Krankenhaus feiern zu müssen. Von diesem Tag an wollte ich nur noch raus. Nach Hause schickte man mich mit einem Rollstuhl und dem steifen Korsett. Ich hasste dieses Teil, aber ohne konnte ich keinen Schritt laufen. Mein Leben war zum Verzweifeln, das Tragen der Stütze schmerzte, an den Seiten hatte ich mittlerweile Schwielen, und jeder Tag war ein Kampf, der meine Geduld auf eine harte Probe stellte. Mein Körper brauchte Zeit, aber wirklich – langsam wurde mein Kreuz stärker!

Nach einem weiteren halben Jahr im Haus meiner Eltern hatte ich keine Geduld mehr. So konnte es nicht weitergehen. Es musste sich endlich etwas in meinem Leben ändern, und zwar sofort. Also bat ich meine Mama, eine Fahrt mit dem Auto zu machen. „Wo willst du denn hin?", fragte sie mich. „Ich möchte wegfahren, einfach nur fahren. Ich muss etwas tun, sonst werde ich verrückt", erklärte ich und entschied: „Ich suche mir jetzt eine Arbeit." So fuhren wir zu einem großen Hotel: „Gut, dann gehst du jetzt da hinein", sagte sie. „Dieses Haus ist so groß, da braucht es sicher immer jemanden zum Mithelfen." So war es auch, allerdings musste ich dem Geschäftsführer erklären, wie es um meine Gesundheit stand. Daher sagte ich: „Ich möchte für meine Arbeit keinen Lohn, ich möchte nur bitte arbeiten dürfen, um zu wissen, ob ich diesen Beruf überhaupt noch schaffe oder nicht." Sie wollten wissen, wie lange ich mir vorgestellt hatte zu bleiben. „Wenn ich einen Monat lang probieren könnte, wäre ich sehr dankbar", meinte ich. „Vier Wochen geht in Ordnung", meinte der Geschäftsführer.

So begann ich zu arbeiten, mit Korsett und steif wie eine Puppe. Als ich das Gefühl hatte, kräftiger geworden zu sein, versuchte ich eine Stunde lang, ohne meine verhasste Stütze zu laufen. Dann wurden zwei Stunden daraus und schließlich immer mehr. Der Monat war schließlich vorbei und der Gastwirt gab mir ohne Zögern einen Lohn. „Du hast in den letzten vier Wochen trotz deiner Beschwerden für zwei gearbeitet, da hast du dir auch etwas verdient", stellte er klar.

Ich musste noch lange Zeit das Korsett tragen und mehrere Therapien machen und mir viele Spritzen stechen lassen, aber schließlich kam der Tag, an dem ich es nicht mehr brauchte. So ist es bis heute geblieben, ich brauche keinen Rollstuhl mehr und habe den Kampf um meine Gesundheit gewonnen. Ich konnte die ganze Saison über in diesem Hotel bleiben und half während der Wintermonate immer wieder aus.

Mit 23 Jahren, am 9. September 1991, heiratete ich. Doch schnell wurde mir klar, dass ich nicht den Mann, sondern vielmehr seine Mutter geheiratet hatte. Nichts war so, wie ich es mir vorgestellt hatte, der Schatten der Schwiegermutter hing über jedem Schritt, den wir gemeinsam unternahmen. Was sie sagte, wurde nicht infrage gestellt, basta. Bereits nach einem Jahr ging die Ehe in die Brüche. Ich war enttäuscht, doch ich musste und wollte mein Leben in eine neue Richtung lenken. Ich hatte bis zu diesem Moment während der Sommermonate immer als Kellnerin in Jesolo gearbeitet, doch die Saison war kurz und der Lohn reichte mittlerweile nicht mehr für das ganze Jahr. Als ich von Kollegen erfuhr, dass für die Wintersaison im Trentino Mitarbeiter im Service gesucht wurden, erschien mir dieses Angebot wie ein Wink des Schicksals. Kurzerhand sagte ich zu und verbrachte meine erste Wintersaison in einem Betrieb im Fassatal. Nach Ostern kehrte ich wieder zu meinem alten Job an die Adria zurück. Als im Herbst erneut ein Unternehmer aus Jesolo Mitarbeiter für die Wintersaison suchte, war klar, dass ich die kalte Jahreszeit wieder im Norden verbringen würde. Diesmal führte mich die Arbeit nach Südtirol, nach Obereggen.

Eiszeit in den Bergen

Der erste Eindruck war ernüchternd. Ich merkte ziemlich schnell, dass das deutschsprachige Skigebiet Obereggen absolut nichts mit dem Fassatal gemeinsam hatte. Meine Kenntnisse der deutschen Sprache beschränkten sich auf wenige Worte wie „Grüß Gott, bitte, danke, auf Wiedersehen". Darüber hinaus waren mir auch die Kultur und Geschichte des Landes sowie seine Menschen fremd.

Ich bin mit offenem Herzen in dieses Land gekommen mit der Einstellung, meine Arbeit zu erledigen und um gutes Geld zu verdienen, nicht mehr und nicht weniger. Doch Anfang der 1990er Jahre war es für mich hier nicht einfach. Die Gefühlskälte, die mir in dieser Wintersaison entgegengebracht wurde, war eine bisher unbekannte Erfahrung für mich. Auch wenn ich nicht verstehen konnte, was die Leute sprachen, so verstand ich doch aus ihrer Mimik und Gestik, dass ihre Gespräche über mich, die „Walsche", eher abfällig waren und oft hatte ich das Gefühl, anders behandelt zu werden als einheimische Mädchen.

Dabei waren die Gäste selbst sehr nett. Mit den deutschen Touristen musste ich mich anfangs zwar mit Händen und Füßen verständigen, doch das war kein Problem, im Gegenteil, sie fanden meine Bemühungen sogar recht lustig. Langweile kannte ich nicht. Wir Angestellten arbeiteten durchgehend sieben Tage lang von 8 Uhr morgens bis 8 Uhr abends. Am Morgen wurde, wenn nötig, noch geputzt, dann bereitete ich belegte Brote und Süßspeisen wie Brioches vor. Vormittags war ich in der Bar eingeteilt, und ab Mittag bediente ich die Gäste auf der Terrasse. Wir trugen alle eine weiße Bluse und eine Krawatte in Bordeauxrot, dazu eine klassische schwarze Hose. Wenn es kalt war, gab es noch eine schwarze Jacke für draußen.

Zu jener Zeit schlief ich mit meinen Kollegen in einer alten Pension, die unser Arbeitgeber für das Personal angemietet hatte. Das Haus lag rund drei Kilometer von meiner Arbeitsstelle entfernt. Die langen Arbeitstage, die Kälte der Jahreszeit, nicht zuletzt auch das Gefühl, fremd zu sein, führten dazu, dass die Sehnsucht nach meiner Heimat, dem Süden und dem Meer immer größer wurde. Ich fühlte mich in dieser Umgebung nicht wohl und war oft verwirrt, weil ich das Benehmen so mancher Einheimischer nicht einzuordnen wusste. Wenn ich versuchte, ein paar lustige Worte zu machen, dann wurde gleich angenommen, ich sei leicht zu haben. Wenn ich hingegen nichts sagte, so schien dies auch nicht in Ordnung zu sein. Es gab wirklich eine Zeit, wo ich jeden Abend mit Tränen in mein Zimmer ging und schwor: „Nach dieser Saison wirst du nie, nie wieder in dieses Land kommen!"

Doch, wie so oft im Leben, sollte es ganz anders kommen. Gegen Ende der Saison lernte ich einen Mann kennen. Er war Südtiroler, deutschsprachig und arbeitete als Skilehrer in Obereggen. Leider habe ich dennoch nie Skifahren gelernt, denn ich hatte während der ganzen Wintersaison keinen freien Tag. Diesen Mann erlebte ich ganz anders. Er war lustig, charmant und bis zum Tag meiner Abreise war ich hoffnungslos in ihn verliebt.

Als die Wintersaison ihrem Ende zuging, wollten mein neuer Freund und ich uns nicht mehr aus den Augen verlieren. „Wie wäre es, wenn du mit nach Jesolo kommst?", meinte ich, „dort werden während der Sommermonate immer Leute in der Gastronomie gesucht", fragte ich ihn. So kam es, dass wir die nächsten Jahre im Sommer in Jesolo arbeiteten und im Winter in Südtirol. Als feststand, dass wir zusammenbleiben würden, habe ich auch endlich die Scheidung eingereicht. Nachdem ich aus meiner ersten Ehe keine Kinder hatte, war dies kein Problem.

Jesolo blieb der Anker in meinem Leben. Hier hatte ich das ganze Jahr über eine kleine Wohnung gemietet, sodass

150

ich jederzeit nach Hause fahren konnte. Finanziell war das kein Problem. Immerhin erhielt ich in der Wintersaison in Südtirol nahezu doppelt so viel wie bei meinem Arbeitgeber am Meer. Als ich den ersten Lohnstreifen erhielt, konnte ich gar nicht glauben, welche Summe dort geschrieben stand. Ich war überzeugt, es müsse sich um einen Tippfehler handeln. „Sind Sie sicher, dass alles richtig ausgerechnet ist?", fragte ich daher meinen Chef. Der aber lachte nur und meinte. „Doch, in Südtirol ist das ganz normal." Ich war glücklich und erleichtert und sagte kein Wort mehr.

Überhaupt war die Arbeit in Jesolo anders. Die Sommersaison am Meer ist eine kurze Saison, daher galt die Devise: „Wenn die Arbeit da ist, wird gearbeitet!" Dort wusstest du nur, wann dein erster Arbeitstag war, aber nie, wann dein letzter Arbeitstag sein würde. Die Arbeitszeiten wurden nicht vorab besprochen. Ich arbeitete in einem altehrwürdigen Hotel mit einer schönen Terrasse direkt am Meer. Zu „Ferragosto", also im August, waren wir ab 8 Uhr morgens so lange im Service, bis der letzte Gast im Bett lag und alles aufgeräumt war. Manchmal dauerte das bis 4 Uhr morgens. Üblicherweise hatte ich einen Tag in der Woche frei, nur im August musste durchgearbeitet werden.

Auch in Obereggen hatte ich keinen freien Tag, aber wenn es nötig war freizunehmen, musste man anfragen, und obwohl ich eigentlich nie fragte, kann ich mich nicht erinnern, dass der Chef bei den anderen Kollegen jemals Nein gesagt hätte. Mittlerweile arbeitete ich in Obereggen auf einer Alm. Hier blieb ich insgesamt zwölf Jahre. Ich war die einzige Frau im Team und wurde von allen respektiert, es war eine wirklich schöne Zeit. Ich habe auf der Hütte an der Theke gearbeitet, wir waren dort zu dritt und manchmal auch zu fünft, da die Gäste hier bestellt, Getränke und Essen abgeholt und auch bezahlt haben. Einmal kam ein Stammgast, er war sogar ein Kollege des Wirtes und beschwerte sich bei ihm: „Was soll denn das jetzt, dass du auf deiner Hütte eine ‚Walsche‘ anstellst?" Mein Chef aber packte ihn beim Kragen und warf ihn aus der Hütte. „Wenn dir meine Angestellten nicht passten, dann kannst du nur gehen und brauchst auch nicht mehr zu kommen", erklärte er ihm. Etwas später ist der Gast allerdings doch wiedergekommen und wollte sich beim Wirt entschuldigen. „Was redest du mit mir? Du musst dich beim Mädchen entschuldigen, nicht bei mir!" Nachdem ich immer noch Schwierigkeiten mit der deutschen Sprache und dem Dialekt hatte, staunte ich nicht schlecht, als er vor mir stand, denn ich hatte von alledem gar nichts mitbekommen. An diesem Tag war ich richtig stolz auf meinen Chef.

Nach zwölf Jahren sind mein Freund und ich zusammen ins Burggrafenamt gezogen. Land und Leute wurden mir immer vertrauter. Je besser ich ihren Dialekt verstand und mich auch selbst verständigen konnte, desto leichter wurde es. Heute verstehe ich Hochdeutsch und den Südtiroler Dialekt und kann auch recht passabel Deutsch sprechen. Auch im Burggrafenamt arbeitete ich im Tourismus weiter.

Die Sache mit dem Klaps auf den P...

Der Service war und ist meine Berufung. Natürlich gibt es auch Schattenseiten, besonders dann, wenn viel Alkohol fließt. Mit Alkohol im Blut mutieren die nettesten Männer manchmal zu unsympathischen Grapschern, die es einfach nicht lassen können, die Kellnerin anzumachen und ihr einen Klaps auf den Hintern zu geben. Dieses Verhalten habe ich schon früh kennengelernt. Am Anfang, als junges Mädchen, hatte ich vor den Kunden viel zu viel Respekt, um mich aktiv zu wehren. Ich habe auf ihre plumpen Annäherungsversuche einfach nicht reagiert und bin weitergegangen. Je älter ich wurde und je mehr Erfahrung ich hatte, desto einfacher wurde es, diese Männer in ihre Schranken zu weisen.

Zweimal ist mir sogar die Hand ausgerutscht. „Nun hör doch endlich auf", mahnte ich einen lästigen Mann. Doch er wollte meine Mahnung nicht verstehen. Schließlich wurde ich so zornig, dass ich dem Herrn eine richtige Ohrfeige verpasst habe. Das Lustige an der Geschichte jedoch war, dass nur eine Woche später auch sein Sohn von mir eine deftige Backpfeife erhielt. Die beiden haben sich später zwar bei mir entschuldigt: „Du weißt eh, schuld ist der Alkohol, wir hatten einfach ein bisschen zu viel getrunken!" Nach so vielen Jahren in diesem Geschäft kann ich jedoch eines mit Sicherheit sagen: „Der Alkohol ist immer nur eine faule Ausrede, nie aber eine ehrliche Entschuldigung." Seit damals machen die zwei Herren einen weiten Bogen um mich, wenn sie mich sehen.

Als Kellnerin ist es wichtig, stets gut gelaunt und offen zu sein. Das gehört zum Geschäft. Passt die Stimmung, wird geblödelt und gelacht, dann bleiben die Gäste und konsumieren, sonst sind sie gleich wieder weg, und du siehst sie nicht mehr. Da darfst du nicht gleich beleidigt sein, wenn es mal unter die Gürtellinie geht, und natürlich schwafelt man auch über Sex. Aber es gibt eine Grenze, die nicht überschritten werden darf. Mittlerweile bin ich über fünfzig und weiß, mit solchen Situationen gut umzugehen.

Es ist nicht wirklich schwierig zu verstehen, wenn ein Mann, den man vorher nie gesehen hat und der plötzlich jeden Tag zweimal in die Bar kommt, vielleicht mehr möchte als nur ein Glas Wein. In diesen Fällen ist es einfach nur wichtig, immer gleich freundlich zu bleiben. Nie würde ich in solch einer Situation zu verstehen geben, dass ich nicht interessiert bin, das muss der Mann schon selbst verstehen. Und das tun sie auch, denn meistens sind sie nach einer Woche oder zehn Tagen wieder wie vom Erdboden verschwunden.

Es gibt jedoch auch gefährliche Momente. Gerade beim Abenddienst, wenn es spät wurde und ich als Letzte das Lokal schließen musste, habe ich immer besonders gut aufgepasst. Dies nicht zuletzt deshalb, weil ich einmal wirklich Angst hatte. Schließlich gibt es auch psychisch kranke Menschen. Ich arbeitete damals in einer Pizzeria abseits des Dorfes. Ein Fremder erschien bereits mehrere Tage hintereinander am späten Abend in der Pizzeria. Am Anfang habe ich mir nicht viel dabei gedacht, weil der gesamte Bereich videoüberwacht war. Der Fremde bestellte eine Cola, die ich ihm brachte, dann machte ich mit meiner Arbeit weiter. Ich wischte den Boden und kehrte den Gang zu den Toiletten. Plötzlich packte mich der Mann und drückte mich an die Wand. Im Reflex schlug ich ihm mein Knie zwischen die Beine. Das wirkte sofort. Er krümmte sich, kehrte um und ging wortlos in den Gastraum zurück. Zum Glück war noch ein weiterer Stammgast in der Bar. Ich rief ihm laut zu: „Gunther, kannst du bitte mal kurz kommen?" – „Na klar, wie kann ich helfen", meinte er nur und war gleich zur Stelle. Erleichtert sagte ich nur: „Ach, jetzt habe ich es schon erledigt, aber danke, dass du gekommen bist." Ich erzählte ihm gar nicht, was vorgefallen war. Als ich von den Toiletten zurückkam, hatte der Fremde das Lokal verlassen. Ich machte meine Arbeit fertig, schaltete das Licht aus und gerade, als ich abschließen wollte, entdeckte ich auf dem Parkplatz einen Lieferwagen, in dem ein Mann saß. Es war dieser Fremde, ich erkannte ihn sofort. Ich ging wieder hinter die Tür, schloss von innen ab und rief die Polizei an. Nachdem auch die Carabinieri immer wieder in das Lokal kamen, hatten wir vereinbart, dass ich mich bei Problemen jederzeit, auch privat, beim Maresciallo oder einem anderen Beamten melden könnte. Er antwortete sofort und ich erzählte ihm von dem Vorfall in der Bar und dass der Fremde noch immer im Auto auf dem Parkplatz warten würde.

„Bitte schicke jemanden vorbei und lenkt den Mann ab, damit ich fahren und sicher sein kann, dass er mich nicht nach Hause verfolgt." – „Nur keine Angst, das klären wir gleich", war die Antwort. Es dauerte nicht lange, und zwei Streifenwagen fuhren auf den Parkplatz. Während sie den Mann und sein Auto gründlich kontrollierten, grüßte ich beim Vorbeifahren noch freundlich meine Helfer und konnte ohne Umwege sicher nach Hause fahren.

Auch wenn ich im Laufe der Jahre ein dickes Fell bekommen habe, ist mir dieser Zwischenfall bis heute in Erinnerung geblieben. Neben vielen anderen Dingen brauchst du in diesem Beruf eine gute Portion Menschenkenntnis, dann hast du die Möglichkeit, unglückliche Situationen bereits im Voraus zu erkennen und zu vermeiden. Sicher, heute nehme ich vieles nicht mehr so ernst. So bin ich eben. Eine andere Kellnerin nimmt sich die Dinge vielleicht mehr zu Herzen.

Die Bar – die rote Couch

Mittlerweile höre ich bei den Stammgästen bereits bei der Bestellung am Ton der Stimme, ob sie gut oder schlecht gelaunt sind. Manchmal erzählen sie auch von ihren Sorgen und Nöten.

Wo geht denn ein Mann hin, wenn er Probleme hat und nicht nach Hause will? Er geht in die Bar. Je nachdem, wo der Gast sitzt, verstehe ich gleich, dass etwas nicht stimmt. Wenn er mit den anderen zusammen lacht und schäkert, dann ist alles okay, wenn er aber allein auf der Bank im hinteren Raum sitzt, dann will er seine Ruhe haben. Ich gehe dann ruhig hin und frage ihn etwas, das ganz sicher nichts mit seinen Sorgen zu tun haben kann, wie „Hallo, wie geht es, hast du jetzt Feierabend?". Im Gespräch merke ich dann, dass er lockerer wird: „Jetzt trinken wir einen zusammen, was meinst du?" Wenn er dann „Ja", sagt, dann sehe ich ihm direkt in die Augen und frage: „So jetzt raus mit der Sprache, was ist los." So erzählt er mir seine Sorgen, dann trinken wir einen Schluck, und die Welt schaut vielleicht nicht besser, aber auf jeden Fall anders aus. Oft sprechen wir über die Probleme, wie wenn sie von jemand anderem wären. Es geht zum Beispiel um einen Kollegen, dem etwas ganz Blödes geschehen ist. So verliert der Gast nicht sein Gesicht. Niemals würde ich diese Geschichten weiterposaunen, das ist und bleibt ein privates Gespräch. Zuhören und das Gehörte für sich behalten zu können, diese beiden Dinge gehören zu diesem Job. Manchmal tut es gut, wenn jemand einfach nur zuhört.

Alkohol – kein Thema

„Jetzt komm schon, trink doch auch einen mit, wir laden dich ein." – „Natürlich trinke ich einen mit, aber keinen Schnaps, sondern einen Kaffee." Alkohol ist für eine Baristin ein No-Go, der Anfang vom Ende. Dies wurde mir schon als junges Mädchen bei meinem ersten Arbeitstag gesagt. Trotzdem kannst du nicht immer „Nein" sagen, wenn du eingeladen wirst. Das würde die Gäste beleidigen und wäre auch schlecht für die Stimmung. So trinke ich je nach Kundschaft schon mal bis zu 20 Espressi am Tag. Kaffee tut mir nichts, ich kann trotzdem schlafen, und er benebelt auch nicht meine Sinne.

Von der Kellnerin zur Köchin

Seit über dreizehn Jahren arbeite ich bereits in einem Bistro, wo ich seit einiger Zeit neben dem Bedienen auch italienische Fischgerichte zubereite. Zum Kochen kam ich durch Zufall. An einem Wintertag, im Bistro war nur wenig zu tun, meinte ein Nachbar spaßeshalber: „Du bist doch von Jesolo, vom Meer, da könntest du uns wohl einmal ein paar

Miesmuscheln kochen?" – „Warum nicht?", meinte ich. Da ich bei einer meiner früheren Arbeitsstellen in Jesolo neben dem Service immer auch Muscheln und Garnelen putzen musste, weiß ich, wie man die Muscheln vorbereitet. Von meiner Mutter wiederum lernte ich, den Tintenfisch zu kochen. Diesen holte meine Mutter fast täglich frisch vom Fischmarkt und bereitete ihn auf verschiedenste Weise zu.

So habe ich einen großen Topf organisiert, Miesmuscheln bestellt, geputzt und gekocht. Ein Teil war noch übrig, als Gäste im Bistro nachfragten, was es denn zum Essen gäbe. „Wenn ihr so lange warten könnt, bis Nudeln gekocht sind, dann könnte ich euch ‚Pasta mit Cozze' anbieten", erwiderte ich. So fing es an. Immer mehr Leute kamen in unsere Bar und wollten Fisch essen. Nach den Miesmuscheln kamen die Garnelen dazu, dann der Hummer, schließlich die „Paella". Das Kochen ist zu meiner Passion geworden, und die Gäste sind von meinen Kochkenntnissen überzeugt, denn mittlerweile muss am Wochenende reserviert werden, die Tische sind alle besetzt. Das freut mich sehr, und ich werde sicher noch lange weitermachen.

Mittlerweile lebe ich seit über dreißig Jahren in Südtirol. Das Land in den Bergen ist zu meiner zweiten Heimat geworden. Mein Herz allerdings schlägt natürlich noch immer für den Süden und das Meer. Dort, wo meine Eltern leben, wo ich geboren wurde, dort sind meine Wurzeln. Meinen Urlaub verbringe ich immer bei meinen Eltern und genieße mit ihnen die wenige freie Zeit, die ich habe.

Ich freue mich auf das, was noch kommen wird.

K. W.

Harte Jahre – starke Frauen

Südtirolerinnen erzählen

Lebensgeschichten Südtiroler Frauen
des 20. Jahrhunderts – beispielhaft für
eine Generation

Autorinnen:
Sigrid Mahlknecht-Ebner
und Katharina Weiss
160 Seiten
12 x 18,5 cm
Hardcover

Himmelschlüssel

Kindheit und Jugend in Südtirol

Autorinnen:
Sigrid Mahlknecht Ebner
und Katharina Weiss
224 Seiten
12 x 18,5 cm
Hardcover

Bibliografische Information
der Deutschen Nationalbibliothek
Die Deutsche Nationalbibliothek verzeichnet diese
Publikation in der Deutschen Nationalbibliografie;
detaillierte bibliografische Daten sind im Internet
abrufbar: http://dnb.d-nb.de

1. Auflage 2023
© Athesia Buch GmbH, Bozen

Fotos: Privatarchive der Protagonistinnen; S. 144 Adobe Stock (viktoriya89)
Design & Layout: Athesia-Tappeiner Verlag
Druck: Finidr, Tschechien
Papier: Innenteil und Vorsatz Munken Print White

Gesamtkatalog unter
www.athesia-tappeiner.com

Fragen und Hinweise bitte an
buchverlag@athesia.it

ISBN 978-88-6839-707-4
ISBN 978-88-6839-708-1 (e-Book)

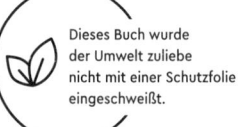

FSC
www.fsc.org

MIX
Aus verantwortungs-
vollen Quellen
FSC® C014138

Bildbeschreibung Umschlag

Die junge Gastwirtstochter Marianne
Rosa Kofler vor dem Knollwirt, später
Gasthaus Kofler, in Völlan um 1958
Privatarchiv Heike Santer

Dieses Buch wurde
der Umwelt zuliebe
nicht mit einer Schutzfolie
eingeschweißt.